中华精神家园
历史长河

金融形态

历代金融与货币流通

肖东发 主编　杨宏伟 编著

中国出版集团
现代出版社

图书在版编目（ＣＩＰ）数据

金融形态 / 杨宏伟编著. -- 北京：现代出版社，
2014.11
　　（中华精神家园书系）
　　ISBN 978-7-5143-3083-0

Ⅰ．①金… Ⅱ．①杨… Ⅲ．①金融－经济史－中国－
古代 Ⅳ．①F832.92

中国版本图书馆CIP数据核字(2014)第244595号

金融形态：历代金融与货币流通

主　　编： 肖东发
作　　者： 杨宏伟
责任编辑： 王敬一
出版发行： 现代出版社
通讯地址： 北京市定安门外安华里504号
邮政编码： 100011
电　　话： 010-64267325 64245264（传真）
网　　址： www.1980xd.com
电子邮箱： xiandai@cnpitc.com.cn
印　　刷： 北京海德伟业印务有限公司
开　　本： 710mm×1000mm　1/16
印　　张： 11
版　　次： 2015年3月第1版　2015年3月第1次印刷
书　　号： ISBN 978-7-5143-3083-0
定　　价： 29.80元

　　党的十八大报告指出："文化是民族的血脉，是人民的精神家园。全面建成小康社会，实现中华民族伟大复兴，必须推动社会主义文化大发展大繁荣，兴起社会主义文化建设新高潮，提高国家文化软实力，发挥文化引领风尚、教育人民、服务社会、推动发展的作用。"

　　我国经过改革开放的历程，推进了民族振兴、国家富强、人民幸福的中国梦，推进了伟大复兴的历史进程。文化是立国之根，实现中国梦也是我国文化实现伟大复兴的过程，并最终体现在文化的发展繁荣。习近平指出，博大精深的中国优秀传统文化是我们在世界文化激荡中站稳脚跟的根基。中华文化源远流长，积淀着中华民族最深层的精神追求，代表着中华民族独特的精神标识，为中华民族生生不息、发展壮大提供了丰厚滋养。我们要认识中华文化的独特创造、价值理念、鲜明特色，增强文化自信和价值自信。

　　如今，我们正处在改革开放攻坚和经济发展的转型时期，面对世界各国形形色色的文化现象，面对各种眼花缭乱的现代传媒，我们要坚持文化自信、古为今用、洋为中用、推陈出新，有鉴别地加以对待，有扬弃地予以继承，传承和升华中华优秀传统文化，发展中国特色社会主义文化，增强国家文化软实力。

　　浩浩历史长河，熊熊文明薪火，中华文化源远流长，滚滚黄河、滔滔长江，是最直接源头，这两大文化浪涛经过千百年冲刷洗礼和不断交流、融合以及沉淀，最终形成了求同存异、兼收并蓄的辉煌灿烂的中华文明，也是世界上唯一绵延不绝而从没中断的古老文化，并始终充满了生机与活力。

　　中华文化曾是东方文化摇篮，也是推动世界文明不断前行的动力之一。早在500年前，中华文化的四大发明催生了欧洲文艺复兴运动和地理大发现。中国四大发明先后传到西方，对于促进西方工业社会发展和形成，曾起到了重要作用。

中华文化的力量，已经深深熔铸到我们的生命力、创造力和凝聚力中，是我们民族的基因。中华民族的精神，也已深深植根于绵延数千年的优秀文化传统之中，是我们的精神家园。

总之，中国文化博大精深，是中华各族人民五千年来创造、传承下来的物质文明和精神文明的总和，其内容包罗万象，浩若星汉，具有很强文化纵深，蕴含丰富宝藏。我们要实现中华文化伟大复兴，首先要站在传统文化前沿，薪火相传，一脉相承，弘扬和发展五千年来优秀的、光明的、先进的、科学的、文明的和自豪的文化现象，融合古今中外一切文化精华，构建具有中国特色的现代民族文化，向世界和未来展示中华民族的文化力量、文化价值、文化形态与文化风采。

为此，在有关专家指导下，我们收集整理了大量古今资料和最新研究成果，特别编撰了本套大型书系。主要包括独具特色的语言文字、浩如烟海的文化典籍、名扬世界的科技工艺、异彩纷呈的文学艺术、充满智慧的中国哲学、完备而深刻的伦理道德、古风古韵的建筑遗存、深具内涵的自然名胜、悠久传承的历史文明，还有各具特色又相互交融的地域文化和民族文化等，充分显示了中华民族厚重文化底蕴和强大民族凝聚力，具有极强系统性、广博性和规模性。

本套书系的特点是全景展现，纵横捭阖，内容采取讲故事的方式进行叙述，语言通俗，明白晓畅，图文并茂，形象直观，古风古韵，格调高雅，具有很强的可读性、欣赏性、知识性和延伸性，能够让广大读者全面触摸和感受中国文化的丰富内涵，增强中华儿女民族自尊心和文化自豪感，并能很好继承和弘扬中国文化，创造未来中国特色的先进民族文化。

2014年4月18日

汇通天下——票号汇兑

银钱兑换——钱庄银号

放债机构——当铺质库

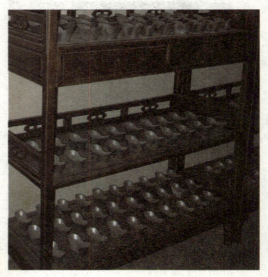

金融中介——借贷账局

票号最能体现晋商的经济活动。票号是近代银行产生之前的重要金融机构，在我国金融发展史上曾经起重要作用。事实上，票号就是晋商发明的金融货币。

在山西商人从事对外贸易的过程中，票号无疑起了巨大作用。可以说，山西票号是我国最早进入国际金融市场，并把分支机构直接设在国外的金融机构。

晋商还通过在国内各大商埠如广州、上海等地设立分支机构，直接为从事进出口贸易的中外商人提供金融汇兑服务，大大促进了国内外贸易的发展。

汇通天下

票号汇兑

晋商的兴盛与衰落

山西人的商业活动由来已久，春秋战国时期，就出现了猗顿这样的富商。他多种经营的方式对后世影响很大，至明代已在全国享有盛誉，逐渐以货币经营资本垄断我国北方贸易和资金调度，并插足于亚欧市场。

清末民初，随着突如其来的战乱，晋商走向了衰败。

山西人以善于经商闻名天下，素有"晋商"之称。在我国古代商业历史中，晋商无疑是值得浓墨重彩的一章。

■晋商会馆

山西商业传统历史悠久，早在远古时期，山西南部就有"日中为市，致天下之民，聚天下之货，交易而退，各得其所"的交易活动。

春秋战国时期，活跃在河东地区的猗顿，涉足盐业和畜牧业，成为著名大商贾。

猗顿原是鲁国一个穷困潦倒的年轻人，饥寒交迫，艰难地生活着。正当他为生活一筹莫展的时候，听说越王勾践的谋臣范蠡在助越灭吴，辅成霸业后，便弃官经商，19年间获金巨万，遂成大富，因号"陶朱公"。猗顿羡慕不已，试着前去请教。

■ 古画中的猗顿

陶朱公是根据猗顿当时十分贫寒，没有资本，无法经营其他行业，便让他先畜养少数牛羊，渐渐繁衍壮大，日久遂可致富。

于是，猗顿按照陶朱公的指示，迁徙西河，就是现在的山西省西南部地区。当时，这一带土壤潮湿，草原广阔，水草丰美，是畜牧的理想场所。由于猗顿辛勤经营，畜牧规模扩大，为当时畜牧业的发展起了推动作用。同时，为他积累了商业经验。

在经营畜牧的同时，顺便用牲畜驮运一些池盐，连同牲畜一起卖掉。在此过程中，认识到贩运池盐是一条获利更大的致富途径。他开发河东池盐，从事池盐生产和贸易，成为一个手工业者兼商人。

战国时代山林川泽之利的开发，虽然为官府控

范蠡（前536年～前448年），春秋时期楚国宛地三户邑人，即河南省淅川县。春秋末著名的政治家、谋士和实业家。后人尊称"商圣"。他帮助勾践兴越灭吴，功成后急流勇退，化名姓为鸱夷子皮，3次经商成巨富，三散家财，自号"陶朱公"，乃我国儒商之鼻祖。

制，但官府不直接经营，而是用抽十分之三的税的办法让"民"去经营。但"民"是一种有钱有势的豪民。

猗顿即属于豪民，因此才有力量去开发河东池盐，而直接生产者当是依附于他的贫民、雇工等。

猗顿将池水浇在地上，风吹日晒后即可成为颗粒状食盐。正因为河东池盐为天然之美丽，是取之不尽，用之不竭的财源，猗顿便不断扩大生产与销售规模，使他成为当时我国著名的大富豪。

据说，猗顿为了更加有效地经营池盐，加快贩运速度，还试行改变驴驮车运的落后的运输方式，欲以舟运，开凿了山西地区第一条人工运河。

开凿这条运河，不仅是运输池盐的需要，也是保护池盐的需要，因为河东池盐最忌外来之水浸入，破坏池盐生产。运渠可以引走客水，保护盐池。

猗顿对山西南部地区的畜牧业和河东池盐的开发都起了十分重要的作用，在山西商业发展史上也占着重要的地位。是山西见于史载的

盐商会馆遗址

最早的工业者和商人，是山西经济史上的重要人物。

猗顿通过多方经营，终成倾国巨富，他的多方经营思想成为山西商人的优良传统，其影响是历史性的。

除了猗顿外，山西商人还有魏晋南北朝时期的繁畤县的莫含，家世货殖，资累巨万。当时代国的建立，就是拓跋鲜卑在莫含等幽州汉族士人的影响下与晋朝争取的成果。

隋唐时期，武则天的父亲武士彟，年轻时经营林业木材，是有名的木材经营商之一。李渊父子从太原起兵时，木材商人武士彟从财力上大力资助，李渊父子就是凭借当时天下最精华的太原军队和武氏的财力开始夺取全国政权。

宋元时期，是山西商人的发轫时期。宋代蜀南、南商、北商等都是有名的地方商人，其占近世商业中坚的山西商人、徽州商人，也大体在这时显出身手。

宋代，山西地处北东边防，宋王朝所需战马大都依靠北方的辽来供应，而辽更需要宋的手工业制品。宋代曾在山西"边州置榷场，与藩人互市"，而"沿边商人深入戎界"进行贸易。

金融形态

历代金融与货币流通

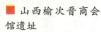
■ 山西榆次晋商会馆遗址

元代，虽然战争对工商业有一定破坏作用，但是元朝政权结束了宋、辽、金的割据局面，特别是元代驿站的完备，使山西商业活动的地域扩大了。从《马可波罗行记》可以看到，从太原到临汾这一带的商人遍及全国各地，获得巨额利润。

晋商真正名扬天下是从明代开始的。山西商人抓住我国明代商品经济发展的大好时机，对山西富有的盐、铁、麦、棉、皮、毛、木材、烟草等特产进行长途贩运，设号销售，套换江南的丝、绸、茶、米，再转销至西北、蒙、俄等地，销售活动遍及国内外。

明王朝建立后，我国并没有完全统一，北部长期处于紧张的军事对峙之中，时有战乱发生。我国北部9个边镇构成的防御屏障，东起辽东镇东海岸，西至甘肃镇嘉峪关，管辖边墙长达万里，平时驻军达80多万，大批兵马自然需要巨额粮饷供应。

为解决边镇军事消费与供应的矛盾，明王朝采取

晋商驼帮塑像

了不少措施，其中一项是：按官府要求承办边镇需求的粮食等物资，即可获得盐的专卖权。这一措施，对晋商的成长产生了重要影响。

此外，汉蒙两族之间贸易互补性很强，蒙古族需要内地的粮、布、棉、丝、铁器和其他各种生活用品，汉族也需要蒙古族的马匹、皮毛等物资。山西"极临边地"，正处在北方游牧地区和中原农耕地区的中间地带，历来在两种经济的互补贸易中占有优势。

在与蒙古族的商贸活动中，明代马市和茶市的开放虽然是有限的，但也给山西商人带来了新的重要商机，山西商人充分发挥了优势，成为茶马互市的主要力量。

大规模移民也促进了晋商的成长。山西地狭人稠，十年九旱，民食不足。山西南部和中部战事较少，人口相对较多。当发生较大灾荒之时，有众多的山西灾民逃往异乡，附籍当地。

大规模有组织的移民和不断迁往各地的逃民，必然增强山西与各地的联系，增加山西人外出经商的机会，为晋商涉足京师，并向冀、鲁、豫、陕和内蒙古等地开拓发展创造了条件。

至清代，极具商业头脑的晋商适应金融业汇兑业务的需要，向金融业方向发展。

山西票号几乎独占全国的汇兑业务，开创了晋商的鼎盛时期，居全国民间商业活动支配地位达三四百年，创造了我国古代商业史上最辉煌的一页。

从清顺治时期开始，经过几朝励精图治，至康熙、雍正、乾隆、嘉庆，出现了历史上称为"康乾盛世"、"乾嘉盛世"的极盛时期。山海关外、内外蒙古和新疆等北部边疆地区实现了统一与和平，与之相邻相近的山西也较早实现了稳定。

较之明代，清代放宽了边禁，扩大了边地各族互市贸易的开放程度。清朝廷实行了开明的重商和恤商政策，这为地处北方，已在边地贸易中的晋商提供了广阔的发展空间和较好的发展环境。

从清道光年间开始，晋中商帮进入鼎盛时期，其显著标志是1823年首创票号，并很快形成平遥、祁县、太谷三大票帮"汇通天下"，形成金融业和商业相辅相成、空前繁荣的局面。中经咸丰、同治两代，直至光绪末年，历经4朝，历时80余年。

■ 山西晋商王家大院

道光、咸丰年间，可以作为晋中商帮的全盛时期。这一时期晋中商帮的兴盛，是我国商品经济和晋中商帮自身正常发展的延续和必然结果，正如日升昌票号著名的楹联所书，是"日丽中天"。

009

汇通天下

票号汇兑
山西灵石王家大院

在当时，全国排名居前的大财团都在山西。据史料统计，仅仅把山西几个县域中富户的家产相加，数量就超过了一亿两白银。这个数量甚至比当时国库的存银还要多，切实称得上"富可敌国"。

由于时局的波动，加上外国资本的侵入，使晋商的成长空间收缩，这就迫使贸迁四方、足迹遍天下的晋商，不得不从四面八方撤退，向本土收缩。从此，称雄我国商界500年的晋商走向了衰落。

阅读链接

晋商在恰克图几乎垄断了整个茶叶市场，赚取了大量的白银。但是，由于恰克图距离山西十分遥远，道路崎岖不平，运回山西成了难题。

最后，晋商将需要运回山西的白银集中起来，就地铸成大圆锭，每个重达500千克，叫作"千斤银锭"。然后专门打造运载"千斤银锭"的马车来运送。运回后再熔铸成银锭、元宝在市面上流通。

沿途的土匪见到这些运送的"千金银锭"，虽然明知贵重，却没奈何只好放行。于是，"千金银锭"也就有了个外号叫"没奈何"。

山西票号产生的背景

票号是山西商人专门经营汇兑业务的金融机构，又叫"票庄"或"汇兑庄"。因晋商所创办经营，所以也叫"山西票号"。

山西票号是当时国内国际贸易发展的产物，是善于抓住商机的山西商人的独特创举。山西票号产生的历史背景，源于当时的商品经济的发展，早期金融组织账局、钱庄的出现，以及镖局运现的风险。

当然，富于开拓精神的晋商，本身也需要更为灵活的资金链。正是这些背景，催生了票号这一撬动整个金融体系的行业的诞生。

■ 平遥票号"汇通天下"

■ 平遥南大街票号院落

山西票号的产生有着深刻的社会背景和历史条件。我国近代商品经济的发展，是山西票号诞生的根本原因。商品经济的发展对货币金融提出了新要求。

我国的封建社会经济，至明代中期以后由于社会生产力的提高，国外白银流入的刺激，商品货币经济有了较为明显的发展。

这种发展延续至清代前期，特别是康熙、乾隆时期，国内政治安定，农业生产发展，商品货币经济较前更为活跃。国内市场扩展，不但有众多地方性市场兴起，而且全国的大市场也在逐步形成之中。

商品经济的发展，一方面为商品的转轨开辟了广阔的流通幅度，自然地对货币金融提出了新要求，促使封建金融机构开始突破单纯兑换范围，逐步过渡到信贷阶段；另一方面，埠际贸易开展，使商品流通幅

货币经济 货币经济的本质特征是：货币是作为价值尺度和流通手段发挥作用的。作为价值尺度，所有商品的价值都通过人的头脑、文字或语言转化为计算货币，货币成为单纯的、没有任何价值的纸片、符号等。作为流通手段，在不断转手的过程中仅有货币的象征存在就够了。

明代货币银币

明英宗（1427年~1464年），明代第六位皇帝，谥号"法天立道仁明诚敬昭文宪武至德广孝睿皇帝"。他在位期间，继续推行仁宣朝的各项政策，使得社会经济有所发展。后来听从权宦王振之言亲征瓦剌军，抵土木堡兵败被俘。

度扩大，出现了不同地区债务清算和现金平衡等新问题，于是需要汇兑专业化。

银币的广泛使用，大致是从明英宗时田赋折收金花银开始。至万历年间，由于实行一条鞭法，规定向政府交纳的田赋、徭役、土贡、杂役等按人丁土地的一定比例全部并入地亩，折银征收。

清初，对赋役规定银米兼收，后来除了部分清银粮外，几乎全部征收银两和钱。后来清政府的征收赋役和发放薪饷一律用银。

此外，由于商品货币交换日趋频繁，民间为了交换方便，除了用银外，还在一些地方出现了用钱和纸币的现象。当时的用钱是买卖时付给中间人的报酬，可见用钱在一定程度上具有了调节供需矛盾的性质。

早期金融组织账局、钱庄的出现，为山西票号的产生创造了条件。清雍正时，我国北方已出现与商业发生借贷关系的金融组织，称"账局"，又称"账庄"。账局主要分布在北京、天津、张家口、太原等商埠，经营者多为晋人。

雍正时期，中俄恰克图贸易开始，乾隆时期成为中俄两国通商的咽喉，而内地商民到恰克图贸易，一半以上都是山西人，由张家口贩运这些绸缎布杂货等，易换各色皮张、毡毛等物。

长途贩运，商品流转周期长，每周转一次，有时需一年，需社会信贷的融通与支持，以完成长途贩运，所以晋商最早设立账局在太原、纷州、库伦。比如张家口的祥发永账局，就是山西商人王庭荣经营。

由于贸易的扩大和交换的需要，乾隆时已出现经营兑换银钱业的钱庄，如北京在几十年间先后开设钱铺数百家。除了北京以外，由民间钱庄签发的钱票，已在一些地区使用和流通。当时，钱票已在北方山西、直隶、陕西、山东等省流行。

在商品交易过程中，由于商人异地采购业务的不断扩大，现银调动额数越来越大，次数越来越多，因此既安全又快速运现就成为一个突出问题。镖局就是在这种状况下应运而生的专门运现机构。

信贷 即信用贷款，是指以借款人的信誉发放的贷款，借款人不需要提供担保。由于这种贷款方式风险较大，一般要对借款方的经济效益、经营管理水平、发展前景等情况进行详细的考察，以降低风险。

■ 黄龙溪万盛钱庄

山西平遥古城镖局

镖局运现一般是按季起运。以归化城镖局为例，凡运往直隶的白银，路线是经平型关、骆驼峪，达平山、唐县；运往山西的白银，由杀虎口，往雁门关，达祁县、太谷。

靠镖局运现，随着社会的动荡已不安全。因此，山西商人随着商业贸易的扩大，靠镖局运现确已远远不能适应业务发展要求，更何况镖局运现时间长、费用高，安全系数低。在这种情况下，以经营汇兑为主的票号自然就应运而生了。

票号的产生在很大程度上为晋商提供了便利，使运输成本降低，也较之前更加安全，各商号间的资金周转更为畅通。

阅读链接

票号出现以前，商人靠镖局运现时有被盗匪骚扰的事件。如山西祁县史家开办的大盛魁商号，祁县乔家开办的复盛公商号，其运货驼队曾多次在蒙古草原被土匪所抢劫。据说领头的劫匪绰号"流矢儿"，其人武艺高强。史、乔两家深受其勒索之害，便雇来镖师戴奎惩治其人。

在搏斗中，戴奎以绝招制住"流矢儿"腋下"夹窝穴"，使他一下蹲在地上，脑袋耷拉，涎水流出，两目发怔，面无人色，回到家没出7天，气血难通，一命归天。

票号的兴盛与衰落

票号是现代银行的前身。我国古代对银行的命名，则是按其业务特征和历史习惯，分别称它们为钱铺、账局和票号。

票号产生以后，经历了一个兴盛至衰落的过程。自从山西第一家票号开办以后，票号呈遍地开花之势。随着客观环境的种种影响，最终使盛极一时的票号无可挽回地走向了衰落。

山西票号一整套管理方法和业务经营模式，仍影响着我国现代的金融业，其成功的经营之道和衰败的历史教训，至今仍为现代金融业改革发展的重要历史借鉴。

■ 日升昌票号内景

民信局 明代永乐年间由宁波帮商人首创的由私人经营的赢利机构，业务包括寄递信件、物品、经办汇兑。后来这一机构遍布国内及华侨聚居的亚洲、澳大利亚和太平洋地区。其中较大的民信局在上海设总店，各地设分店和代办店，各民信局之间还联营协作，构成了民间通信网。

■ 日升昌票号院落

在清代嘉庆时期以前是书信不通的落后时代，聪明的浙江宁波商人，看到了当时工商业和出外经商做工人的通信需求，以及书信不通成为经济发展和人们交往的严重障碍，于嘉庆年间创办了我国的民信局。随后，信局业务在全国普遍开展起来。

民信局结束了我国数千年以来民间书信不通的历史，又为工商业沟通信息提供了方便，无疑对商品经济的发展具有重要的推动作用。同时，也为山西票号的产生在客观上提供了传递书信和为汇款者传递会票的条件，票号应运而生成为可能。

民信局的兴起，加上当时国内国际在贸易方面的各种因素，使活跃在我国北方地区的山西商人深深感到出现的艰难和危险。

也就在这样的时刻，平遥县西裕成颜料庄经理雷履泰，率先试办京晋之间的拨兑业务，继而把西裕成

■ 日升昌票号门首
匾额

改组为"日升昌"票号，经营汇兑和存放款业务，揭开了我国汇兑业务的新时代。

日升昌作为山西票号的第一家，自从山西票号产生后，发展十分迅速，1820年至1852年，就初步形成了票号的平遥、祁县、太谷三帮发展的格局，分号涉及全国近30个工商业重镇。

把银行推向全国，大大改变了账局只在北方少数城镇设庄的不平衡现象，基本形成全国范围融通资本的局面，山西商人声誉空前。

此外，票号还在世界范围内设立分号，日本、朝鲜、俄罗斯、印度、新加坡、英国的大城市，也设有山西票号的分号。

由于几家大票号的总号都设在平遥，不显山不露水的平遥城差不多就是大清国的"金融中心"。

汇兑业务是指承兑行将客户持交的一定款项汇至异地指定的收款人。承汇行在接受客户持交的款项后，通过汇票或支付委托书向异地承兑行发出命令，由承兑行向第三者支付一定数额的货币。

■ 日升昌票号营业
场景

贴现业务 是指
远期汇票经承兑
后，汇票持有人
在汇票尚未到期
前在贴现市场上
转让，受让人扣
除贴现息后将票
款付给出让人的
行为。贴现业务
是一项资产业
务，汇票的支付
人对银行负债，
银行实际上是与
付款人有一种间
接贷款关系。

票号这一金融形态最接近于近代银行。其经营范围包括存款、放贷、汇兑、代办结算、债务清偿、发行银两票等。就汇兑业务而言，票号提供的服务也是多样化的，包括先收款再汇出的顺汇、先汇出再收款的逆汇、票据贴现、对期汇票、分期付款汇票等。

票号继承工商会票的经验，开始经营票汇，接着就经营信汇，而且信汇往往又与存放款相结合，既搞顺汇，又搞逆汇。对于远期票汇，还搞"认利预兑"的贴现业务。这一切表明，票号对汇兑方式和贴现业务都作出了贡献，为工商业发展提供了便利。

从清同治时期开始，经营票号的城镇比以前增加了。随着我国电报事业的发展，票号开始经营电报汇兑。至此，我国票汇、信汇、电汇3种汇兑方式，在票号经营过程中已发展完善。

在这个阶段，票号资本和存款都有很大增加，使它融通资本的能力扩大，除工商业放款外，各地钱庄成了它扶助的重要对象，钱庄之盛，盛于票号放款。比如外商在沪银行，给钱庄的放款，每岁不止数百万。于是，国内的商贾也开始通过商号进行放款。

票号的极盛，表现为汇兑业务和存放款业务的大增，盈利空前绝后。

19世纪70年代，由于外商压价，丝茶业产生危机，多家商号商行因为经营不善倒闭，往往连带将放款给它们的票号也一并拖垮，晋商在苏州、汉口的票号倒账数十万。

20世纪初，以生产和出口豆油为主的营口"东盛和"五联号商行倒闭，之后，又发生了上海的橡皮股票风潮，在这次风潮中，源丰润、义善源票号相继倒闭，亏欠公私款项数百万，又一次引起信用危机。

清朝廷成立的国家银行，也成为票号强大的竞争对手。户部银行具有代理国库、收存官款的职能和雄厚的资本，能够左右市场。过去由票号收存和承汇的

同治（1862年~1874年），清代清穆宗爱新觉罗·载淳的年号，同治，通常代称清穆宗爱新觉罗·载淳，即同治帝。同治年间，发生了多次农民起义。经济上，采用洋务派"自强"和"求富"的方针，开办一些新式工业，训练海军和陆军以加强政权实力，被清朝统治阶级称为"同治中兴"。

■ 日升昌票号内景

挤兑 在信用危机影响下，存款人和银行券持有人争相向银行和银行券发行银行提取现金和兑换现金的一种经济现象。这种现象，是金属货币流通条件下货币信用危机的一种表现形式。挤兑往往是伴随着普遍提取存款的现象发生的，并进一步形成金融风潮。

■ 晋商票号建筑的牌匾

官款业务，几乎全部被户部银行包揽而去。

对银行业而言，除自有资本外，它发展的规模主要决定于存款开展状况。存款多，放款就多；放款多，收入利息多，利润就多。因为金融利润大多归于户部银行，所以，票号经营业务所赚利润日益减少。

清朝廷开办起银行后，从朝廷至地方都抢夺票号的汇兑生意，这更使山西票号雪上加霜。

辛亥革命中，许多商业都市，如汉口、成都、西安、太原、北京、天津等都发生了战争，工商业和银钱行号都不可避免地遭受到损失。

战争和革命所带来的经济危机和政治风波，使许多票号放款难以收回，存款人人提取。后来各省使用纸币，汇款兑现困难。种种原因，使盛极一时的票号无可挽回地走向了衰落。

山西20多家票号中，除大德通、大德恒、三晋

源、大盛川4家票号因资本实力雄厚，拿出大量现款应付挤兑风潮，信用未失，继续营业外，日升昌等10多家票号都因无力应付挤兑风潮而倒闭。

■晋商票号院落

此后，大德通、大德恒、三晋源、大盛川4家票号又延续了二三十年，最终还是逃不掉倒闭的命运。

从主观方面看，主要是山西票号放弃了改革发展的机遇。进入20世纪后，山西票号的资本比起官办银行成了沧海一粟，而当时官办银行资本在400万两至500万两，外国银行的资本就更多了。

在这种情况下，票号的有识之士主张改革，组建银行，与时俱进。但一些老票号的经理和股东却很守旧，盲目乐观，视票号固若金汤，大加反对，致使改革计划流产。

阅读链接

一天，平遥西大街日升昌总号接待了一个讨饭数十年的寡妇老太太，伙计一看汇票，数额为1.2万两，开具者是日升昌张家口分号，时间在1868年。在了解实情后，如数兑付了现银。

原来，老太太的丈夫早年在张家口做皮货生意，当时在日升昌分号汇款1.2万两白银后起程回籍，不料途中得病身亡。30多年后，老太太发现了这张日升昌汇票，就抱着试试看的心理来到日升昌总号。

这件事之后，日升昌名声大振，汇兑和存放款业务一天比一天红火。

雷覆泰创立日升昌

在清代道光年间，在陕西平遥县的洪保村诞生了一个金融奇才，此人就是我国金融领域日升昌票号的创立者，他叫雷履泰。

作为封建社会的商人、商界能手，雷履泰抓住时机转营票号，不仅开创了我国金融史上专管存放款和汇兑业务的金融机构，而且制订出经营方法、原则和规章制度。对票号业、商品经济和信用制度的发展具有积极促进作用。

■晋商票号钱庄日升昌记旧址招牌

雷履泰自幼读书，后弃儒就商，办事干练，颇具才华。清嘉庆年间，他受雇于平遥县城西达蒲村的李箴视，任平遥县西裕成颜料庄总号掌柜。

西裕成颜料庄总号早期是制作和贩运相结合的商号，在达薄村有颇具规模的手工制铜碌作坊，北京崇文门外草厂十条南口、汉口、重庆等地也设有其分庄。

在当时，我国商品经济发展迅速，商业资本异常活跃，各地商帮纷纷崛起。山西人在外做生意的很多，年终结账，往老家捎钱时风险屡出，遂有人将银钱交北京西裕成分号，由经理写信给总号，在平遥总号取款。

雷履泰认为此乃生财之道，便继承和借鉴历史上的汇票经验，开始兼营京晋埠际间商业汇兑。

1823年正月，雷履泰与东家李箴视共同商议，创立了我国历史上的第一家票号"日升昌"，放弃其他生意，专营汇兑。雷履泰担任总经理职务，为日升昌的发展倾注了毕生的精力。

"票号"之名取意于经营汇票，因晋商创办经营，故也叫"山西票号"。在此之前，虽唐代就有汇票"飞钱"。宋、元、明、清民间也有汇兑，但作为

■ 山西晋商日升昌创始人雷履泰

李箴视（1811年～1882年），清代山西平遥县西达蒲村人。执掌日升昌票号的李氏家族第二代财东，晋商的杰出代表人物。他慧眼识珠，任用雷履泰为大掌柜，使其作为我国历史上的票号创始人，将全部才华和毕生精力奉献给李氏商业，给李氏家族带来巨额财富。

汇兑制度和专营汇兑之信用机构，至此开始形成。

据说"日升昌"3个字的来源，还有着一段美丽而又神奇的传说。

一天傍晚，雷履泰吃过晚饭在铺号内溜了一圈，回到房内靠着铺盖卷就躺下了。

恍惚间，他忽然见铺面斜对门的木器厂内着了火，人们都呼叫着救火。但当雷履泰急忙赶木器厂前，原来竟是一座金碧辉煌赛似神仙住的天堂大院。

推门进去，只见里面珠光宝气，碧瓦琉璃，真是一座流光溢彩的洞天福地，正在雷掌柜目不暇接之时，忽见东方朝霞虹景里，两轮红日喷薄而出，那金辉与宅院相映，更是璀璨壮丽，令人叹为观止。

突然，一声响动，只见天上开了一扇大门，天界众仙飘然而至，都频频招手。雷履泰就觉得自己身如飘带，冉冉登上仙界，当他回首座谈间，却见妻儿正向他招手，正欲带他们同去，不料众仙中，一位黑脸天仙挡住去路。

雷履泰猛一激灵，翻身越起，竟是一个离奇的梦。醒来时，雷履

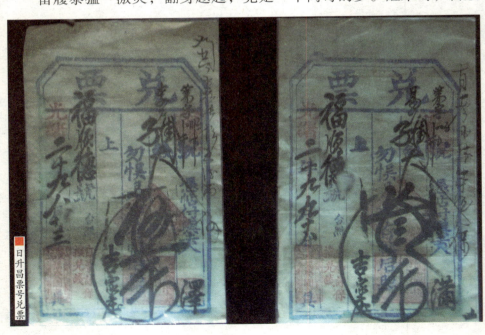

日升昌票号兑票

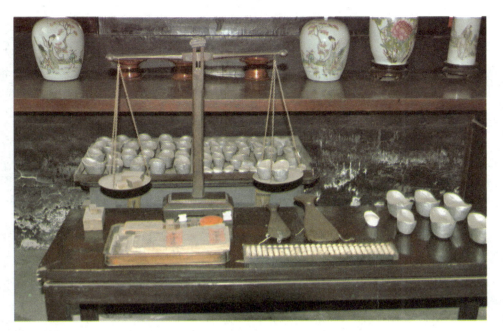

■ 晋商日升昌票号
银锭

泰看看时辰，已交三更。梦中意向分明是一个事业飞黄腾达的吉兆。于是，他想起这几天为确定总号的名称而反复思索，但不甚满意。

他曾想过"广聚源"、"兴隆盛"等名号，后来都一一否定了。因为这些名称里虽有财源广进之意，但总缺少一种新气派，新气象。

这时，一个崭新的思想火花在他脑海中闪现出来，而且立刻在脑海中汇聚成这样几个字：二日并升，光照大地。"日升昌"这个名称太好了，东家听后也十分高兴。于是，"日升昌"成为票号的名字。

雷履泰创立日升昌票号后，汇兑业务越来越多。作为商界能手，谙熟生财之道的雷履泰由此及彼，推想到其他商埠的山西商人托镖局起运银钱诸多不便。

于是深入调查晋商所经营药材、茶叶、夏布、绸缎、杂货等进销地点，亲派精明、诚实、可靠的伙

镖局 又称镖行。是受人钱财，凭借武功，专门为人保护财物或人身安全的一个机构。旧时交通不便，客旅艰辛不安全，保镖行业应运而生，镖局随之成立。镖局有镖旗、镖号。随着社会生活日益复杂，镖局承担的工作越来越广泛。

奉天 即现在的辽宁省。奉天，旧省名。1665年改镇守辽东等处将军为镇守奉天等处将军。1907年裁将军，改设奉天省，省会为奉天府，今沈阳市，辖境今辽宁省以及内蒙古呼伦贝尔盟、哲里木盟一部分、吉林西北西南一部分。奉天省1929年改名辽宁省。

■ 日升昌票号"账房"牌子

友，先后于汉口、天津、济南、西安、开封、成都、重庆、长沙、厦门、广州、桂林、南昌、苏州、扬州、上海、镇江、奉天、南京等地设票号分庄。

雷履泰联络晋商，招揽业务，此处交钱，彼处用款，从无空票。因信用可靠，山西商人与日升昌交往频繁，外省、沿海一带商人也通过日升昌汇兑款项。

随着通汇扩大，继而吸收存款，发放贷款，利润大增，"日升昌"更是日升月昌，一片兴旺景象。于是，山西商人纷起效尤，投资票号。

以日升昌为代表的票号，形成了一套独具我国古代特色，又与现代企业制度相近的企业结构和治理方式。其中最主要的，包括两权分离、"顶身股"、严格号规等制度架构、管理方法和运作模式。这些制度的源头，大都起自雷履泰。

日升昌推行的两权分离体制几近完美。日升昌票号的组织结构为3种人：东家、掌柜、伙计。

东家相当于董事长，大掌柜以下，全部是东家的雇佣人员；掌柜又分为不同层次，习惯上称大掌柜、二掌柜、三掌柜等，掌柜统领伙计从事具体经营活动。

东家是出资人，其职责只有两项，一是掏银子，二

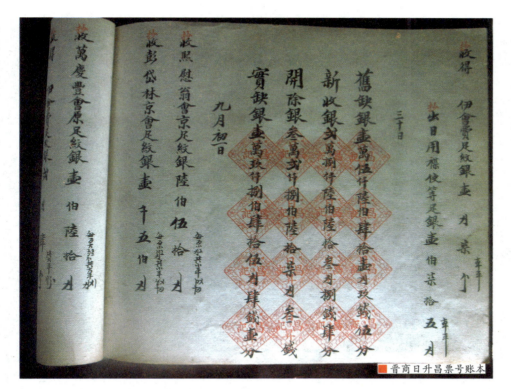

■晋商日升昌票号账本

是选掌柜。可能是由于成功经验和失败教训的积累而形成的惯例，晋商在所有经营活动中，东家一律不准插手，甚至连学徒都不能推荐。

所以，在晋商中形成了一条人人遵守的规范：东家不过问经营事务。实践证明，只有出资人不插手经营，才能保证企业正常运作。

作为东家，大笔银子出手，还不能介入经营活动，如何保证自己的利益不受损？这就靠东家的眼力了。当打定主意出资时，东家唯一要重视的，就是大掌柜的选择。选对了大掌柜，你就等着拿银子；而选错了人，你就等着亏血本。

大掌柜是票号经营管理的最高领导，全权处理全号内外事务，从选用二掌柜、三掌柜和伙计，再到资本运作和具体业务安排，一概都是大掌柜的事情。

"顶身股"的做法是：东家出资为银股，是票号的真实资本；掌柜和伙计以人力入股，是为身股，俗称"顶生意"。身股与银股相对

■ 日升昌掌柜蜡像

本金 即贷款、存款或投资在计算利息之前的原始金额。本金要求财务组织既要保证企业生产经营与对外投资活动的资金需要，又要厉行节约，合理调度本金，发挥财务对生产经营与对外投资活动的调节与控制作用，从而充分利用货币资源，全面提高企业经济效益。

应，不交银子，但是需要对东家投入的资本负责，是票号里的"虚拟"股本。身股与银股一样，都享有分红的权利。

掌柜和伙计，都可以按照自己的表现取得一定的股份，如果服务年限增长及表现优异，则会追加股份。反之则会降职。这种顶身股制度，使票号在组织体系上利益一体化，形成了很强的向心力。

身股有个很重要的特点，就是在本金亏损的情况下，顶身股者并不承担相应的亏损责任，而有权利分红。这样，掌柜和伙计不用承担本金风险。从这一点上看，身股制度并不是资产制度，而是属于利润分成的激励制度。

票号的号规非常严格。日升昌票号的规矩之多，为当时各行业所罕见。比如，不准携带家属，不准嫖妓宿娼，不准参与赌博，不准吸食鸦片，不准营私舞弊，不准假公济私，不准私营放贷，不准贪污盗窃，不准懈怠号事，不准打架斗殴等。一旦有违反号规者，立即除名，俗称"卷铺盖"。

这种惩罚的严厉性，在于它是公认的行规，凡是某个票号犯事而卷了铺盖的伙计，其他任何票号都不会再录用。也就是说，犯规除名等于宣告这个人经商生涯的终结。这种几乎不近人情的管理规章，在当时行之有效。

日升昌作为票号的领头羊，得到了"天下第一号"、"汇通天下"的赞誉。至雷履泰70岁大寿时，日升昌在总号修建了纪念楼，并且将"拔乎其萃"4个金字大牌匾悬挂于楼中央，以褒扬雷履泰首创票号之业绩。

雷履泰去世以后，日升昌竞争力日衰，票号的霸主地位随之失去。日升昌票号经历了百余年的风雨变迁，其中有顺利也有曲折，有辉煌也有惨淡，有荣耀也有辛酸，有教训也有经验。尽管它在辉煌中倒落下来，但它影响了我国金融界百余年之久，促进了我国近代经济的发展。雷履泰是功不可没的。

阅读链接

相传，日升昌天津分号的大掌柜冀体谦，有一个生意上往来的富商，富商为了巴结冀体谦，给他重金买了一个青楼女子。冀体谦明知号规不准纳妾，但自恃资格老，就把号规抛在脑后，将青楼女子收为偏房。

日升昌总号得知此事，立即下令冀体谦"卷铺盖"。而冀体谦的老父亲也宣布和他断绝父子情分。这个青楼女子受不得清苦，最后也吞金自杀了。结果，冀体谦人财两失，从此彻底沦落。

有此前车之鉴，票号的伙计都会掂量事情的轻重，没有人敢于轻易违规。

乔家大院的乔致庸

乔致庸是我国清朝时期山西祁县人，乔家大院第四代人。他讲究诚信为本、"以德经商"，并且善于用人，通过自己的用心经营，乔家事业突飞猛进。

起初是复字号称雄于包头，接着有大德通、大德恒两大票号活跃于全国各大商埠及水陆码头。当时乔家的财势已跻身于全省富户前列，家资千万，商业遍布全国。

乔致庸从一介儒生至晋商翘楚，历经嘉庆、道光、咸丰、同治、光绪5个朝代，他的人生可谓浓缩着山西商人的传奇。

■乔家大院全景图

■ 乔家大院

乔致庸是乔家第四代人。他自幼父母双亡，由兄长抚育。本欲走入仕途，刚考中秀才，兄长故去，只得弃文从商，挑起理家、理财之重担。

乔致庸讲究诚信，待人随和，大胆开拓。以致在他执掌家业时，资产越滚越多，成为乔家殷实家财的奠基人。

乔家的商业得以超常规发展，首先是和乔致庸以"义、信、利"求生存分不开的。他经常告诫儿孙，经商处世要以"信"为重，其次是"义"，不哄人不骗人，最后才是"利"，不能把利放在首位。这是乔致庸作为一介儒商的根本。

乔家在包头的各商号，曾出现过以次充好、欺骗顾客的现象，极大地损害了"复字号"的声誉。乔致庸从接手之初，便扭住店大欺客的歪风，不仅销毁了全部劣质油，而且还对曾经购过劣质油的顾客给予一定经济补偿。

儒商 即为"儒"与"商"的结合体，既有儒者的道德和才智，又有商人的财富与成功，是儒者的楷模，商界的精英。一般认为，儒商应有如下特征：注重个人的修养；诚信经营；有较高的文化素质；注重合作；具有较强的责任感。

金字招牌 旧时店铺为显示资金雄厚而用金箔贴字的招牌。现比喻高人一等可以炫耀的名义或称号。更多的则是比喻商业行为的名誉好。事实上，从古至今，金字招牌已经成为一个企业竞争力的核心内容。

虽说赔上了一大笔银子，却是力挽狂澜大厦于将倾，铸就了乔家诚信的金字招牌。

不仅对顾客如此，对待掌柜和伙计们，乔东家也投之以诚信，换来的是对方的报之以忠，更为可贵的却是劫难中伙计们仍能不离不弃。不难看出，我国的许多百年老店之所以成其久，法宝不是别的，正是"诚信"两字。

挣了一辈子银子，无论得意抑或落魄，这位乔东家却从没成为过银子的奴隶。朝廷的海防捐款派发至祁县，他带头捐以重金响应号召；朝廷出兵北伐，他解囊借银助军；天下闹饥荒时，他几度甘愿倾家荡产为10万饥民开设粥场。

尽管这都是朝廷的事情，而他却不吝将大把的银子散出去，只求物有所值，一个"忠"字放大了写。

然而朝廷希望他花银买官时，他却"吝啬"了起来，死也不肯捐官。

尽管曾经10年寒窗苦，曾为争得功名累，但如果这个官是用银子买来的，则一文不值，则实属不"义"。由此可见，有所为而有所不为，疏财常有时，只为仗义事。

乔致庸的成功也和他用人不拘一格有很大关系。

乔致庸用人以德选人，在徒弟们路过的小桥上，放一个一两重的银子，有的拾钱自己留下，乔致庸

■ 盛丰钱庄遗址

钱庄票号柜台蜡像

以此不可用；有的过而不拾，乔致庸以此看出这人适合做伙计；有的捡完以后，交还给失主，乔致庸认为，这是好的人才，可以做掌柜。

马公甫本是复盛公字号里的小伙计，雄才大略的乔致庸识出他是个人才，在大掌柜告老后，让他当上了复盛公的大掌柜，被包头商界称为"马公甫一步登天"。

马荀本是复盛西字号下属粮店里的小掌柜，不识字，但经营有方，盈利不小。乔致庸便给他一副资本，让粮店独立经营，他成为大掌柜后也给乔家赚回不少银子。大德通票号总经理高钰也是如此，后来为乔家收进几十万两白银的红利。

乔致庸礼遇聘请阎维藩，也是值得褒扬的一例。阎维藩原为平遥蔚长厚票号福州分庄经理，他因曾经受到排挤和总号斥责丧失了对蔚长厚的感情，决计离开蔚长厚返乡另谋他就。

乔致庸知道阎维藩是个商界难得人才，便派其子备了八乘大轿、两班人马在阎维藩返乡必经路口迎接。一班人马在路口一连等了数日，终于见到阎维藩。乔致庸之子说明来意和父亲的殷切之情，使阎氏大为感动。

阎维藩心想：乔家富甲三晋，财势赫赫，对他如此礼遇，实在三生有幸。乔致庸之子又让阎维藩坐八乘大轿，自己骑马驱驰左右，并说明此乃家父特地嘱咐。

这更使阎维藩感动不已。两人相让不已，最后只好让八乘大轿抬着阎维藩衣帽，算是代阎维藩坐轿，而两人则并马而行。

阎维藩来到乔家，乔致庸盛情款待。乔致庸见时仅36岁的阎维藩举止有度，精明稳健，精通业务，更是感叹年轻有为，是难得之经济人才。当即聘请阎维藩出任乔家大德恒票号经理。

阎维藩对照在蔚长厚的境况，深感乔家对他之器重、知遇之恩，当即表示愿殚精竭虑，效犬马之劳。

阎维藩自主持大德恒票号以来，使票号日益兴隆，逢账期按股分红均在8000两至1万两之间，使大德恒票号后来居上，成为最有竞争力和生命力的票号之一。他为乔家的商业发展立下了卓越功劳。

乔致庸的身上有着一种敢为天下先的冒险精神，他总是第一个吃螃蟹，甚至说是一个叛逆。凭着这股不服输的勇气，一度成为晋商中的领军人物。

■ 乔家大院

在乔东家之前，还没有哪家的伙计能够与掌柜平起平坐。乔致庸首肯了经营中人的价值，掌柜有身价，伙计也是有身价的。他敢于挑战旧规，在新店规中将"多年的老伙计顶两厘身股"作为激励办法确定下来；他不以资历唯用，甚至从年轻伙计中选拔掌柜。新店规极大地激发了伙计们的热情。

按理说，在那个年代，一位东家的买卖能做到全国有40多家

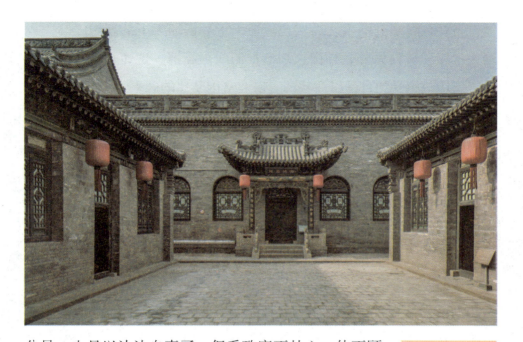

■ 乔家大院庭院

分号，也足以沾沾自喜了。但乔致庸不甘心，他不顾家人的强烈反对，带着银子南下武夷山贩茶，又北上恰克图，直至中俄边境，和俄国商人签订了长期合作贸易合同。

这是他"货通天下"理想的第一步，也是晋商对外贸易的第一步。风险乔致庸独自尝遍，后来却是惠及众多相与。

乔致庸赴恰克图时，曾考虑到携带大量货银的安全性，便将其全部换成了银票。这一换不要紧，他着实尝到了银票方便快捷的甜头。很快，他又意欲涉足票号业，经营范围囊括商银和官银。

在众人的诚惶诚恐中，在票号业前辈的百般阻挠下，乔致庸喊出了"汇通天下"的口号，力排众难，毅然开业。他不是票号业的祖师，却率先成就了票号业的扩张。立誓时年富力盛，有望时已是风烛残年。

恰克图 俄语意为"有茶的地方"。俄罗斯布里亚特自治共和国南部城市。原属我国，1727年建为要塞，次年6月，中俄在此签订了《恰克图条约》，并划定两国以恰克图为界。旧城归俄，即恰克图。19世纪末以前曾为俄国同中国贸易的中心。

当乔致庸竭其一生之力实现货通天下、汇通天下的理想之际，我国大批银子流向海外，外国人渐渐控制我国经济。这让垂暮之年的乔致庸痛切地感受到自己以商救民、以商富国梦想的破灭。

这样的现实让他心力交瘁，性情大变。面对着自己毕一生之力建树的一切都将付之东流的打击，这个倔强的老人抱定了一个一定要在这个世界上留下点什么的信念，一改往日不治家宅的习惯，耗费重金修建了著名的乔家大院。

乔家大院位于祁县乔家堡村正中。这是一座雄伟壮观的建筑群体，从高空俯视院落布局，很似一个象征大吉大利的双"喜"字。

整个大院占地8724平方米，建筑面积3870平方米。分6个大院，内套20个小院，313间房屋。大院形如城堡，三面临街，四周全是封闭式砖墙，高10米有余，上边有掩身女儿墙和瞭望探口，既安全牢固，又显得威严气派。

乔家大院设计精巧，工艺精细，体现了我国清代民居建筑的独特风格，具有相当高的观赏、科研和历史价值，确实是一座无与伦比的艺术宝库，被专家学者恰如其分地赞美为"北方民居建筑的一颗明

■乔家大院室内陈设

■山西乔家大院内景

珠。"难怪有人参观后感慨地说："皇家有故宫，民宅看乔家。"

乔致庸把亲拟的对联着人写好刻就，挂在内宅门上："求名求利莫求人，须求己；惜衣惜食非惜财，缘惜福"。以此告诫儿孙，注重节俭，不要贪图安逸，坐享祖业。

事实上，乔家大院建成之际，乔致庸并不相信这所院子真能留存下来。但令他意想不到的是，正因为他在世时的善行，这座荟萃了我国传统建筑文化中最精华之处的大院，在他去世后虽历经时光和战火，却奇迹般的完整保存了下来，成了中华民族的遗产，并被列入世界文化遗产名录，成为世界优秀文化的组成部分。

阅读链接

乔致庸治家很严。其家规有：一不准吸毒，二不准纳妾，三不准虐仆，四不准赌博，五不准冶游，六不准酗酒。他将《朱子格言》作为其儿孙启蒙必读之书。

他常教育儿孙"气忌躁、言忌浮、才忌露、学忌满、知欲圆、行欲方"。若儿孙有过错，则责令跪地背诵《朱子格言》，直至承认错误，磕头谢罪。

这虽然是一个商人的家教，但充满儒家修身处世气息。他的这些训言，对于生活在中国文化母体中的现代人，还是有借鉴意义的。

曹三喜的商业帝国

曹三喜是使曹家由一个农民走向一代巨商的关键转折性人物。他不满现状，独闯关东，以种菜、养猪磨豆腐起家，发展酿酒业，然后扩大经营杂货业和典当业，创建了雄厚的商业基础。后来回到山西太谷设号，向中原各大城市辐射，雄踞了大半个中国，并跨出国门，走向世界。

曹三喜的商业帝国横跨欧亚两个大陆，纵横几万里，不仅仅在山西人的经商史上，就是我国经商史上都创下了不朽的辉煌。

■晋商曹三喜曹家大院三多堂

■ 平遥古建筑

曹氏家族发迹，始于明末清初的曹三喜。曹家始祖曹邦彦是太原晋祠花塔村人，以卖砂锅为生，明太祖年间举家迁移到太谷北恍村，兼以耕作。至第十四代"三"字辈中，有个叫曹三喜的独闯关东做买卖，获利甚丰。

当年，曹三喜因生计所迫，随人到东北三座塔经商。三座塔就是现在的辽宁省辽阳市。他先是租地种菜、种豆，后与人合伙磨豆腐，用豆腐渣养猪。

待生意兴盛后，因曹三喜是外乡人，合伙者想多占利润，只好各自经营。曹三喜认为，自己的名字有"三"字，自己在三座塔干一定能成功。

他勤劳踏实，以诚待人，生意越做越好，增添了酿酒业、杂货业、典当业。之后，又在沈阳、四平、

明太祖 （1328年～1398年），朱元璋，字国瑞，原名为朱重八，后取为名兴宗。濠州钟离人。明代的开国皇帝，谥号"开天行道肇纪立极大圣至神仁文义武俊德成功高皇帝"。朱元璋结束了元朝民族的等级制度，努力恢复生产，整治贪官，其统治时期被称为"洪武之治"。

■ 晋商曹三喜曹家大院全景

关内 地域名。与"关外"相对。明清时期称山海关以西地区为"关内"，今指山海关以西、嘉峪关以东一带地区。另外，古代在陕西建都的王朝，通称函谷关或潼关以西王畿附近的地方为"关内"。

锦州等地设立商号，逐步成为一个大商人。

清代初，曹家的商号又向关内发展，规模越来越大。至道光、咸丰时期，曹家的商号已遍及半个中国，国外发展至莫斯科。

这时的经营项目有银钱业、绸缎、布匹、呢绒、颜料、药材、皮毛、杂货、洋货、酿酒、粮店等，雇员达3万余人，总资本达1000余万两。

在当时，曹三喜创造出总号辖分号、大小分号连锁的管理办法。据说，全国各地究竟有多少曹家的商号，连管家的也说不清楚。

曹三喜之所以成大富，是因为他诚信至上、善抓商机、知人善任，以及制订了严格的商号规矩。

山西商人是最讲信义的一个商帮。清代光绪年间，各大钱业都发行一种叫"平贴"，但发行这种平贴的商家，必须是在用户中有高度信誉的。平贴经行会批准后可在商家流通。

有一年，有两家晋商的帖子发行过多，人们怕以后不能兑现，于是都纷纷前去挤兑。这两家在危急时刻，求曹三喜帮忙。有人建议曹三喜不要帮忙，因为此时正是挤垮对手的好时机。

但历来以信义为重的曹三喜不听众言，他宣布曹家所有票号均可代这两家帖子兑付现银。

曹三喜之所以这样做，一是可帮助这两家化解危机；二是显示曹氏实力，可提高曹氏声誉。果然，挤兑风波过后，这两家对曹氏感恩不尽，遇事都处处让着曹家，曹三喜在晋商中的声誉越来越高。

经商发财要靠天时、地利、人和，这其中就有许多商机，商人能否抓住商机是能否成功的关键。曹三喜就最善于抓商机的人。

清军入关与明王朝作战，曹三喜立即随清军入关，为清兵提供军事物资。明王朝被灭后，曹三喜不仅成了清朝廷的功臣，还从中发了一大笔财。

于是，曹三喜又在沈阳、锦州、四平开了许多杂货、酿酒和钱庄分号等。他自己坐镇总号，指挥调度分号，还经常派员到各分号巡视，以保证曹氏集团经营生意兴隆。

清军入关 是指1644年我国东北以满族为主体的少数民族军队，在明将吴三桂的带引下进入了山海关内，攻占京师，开始成为朝廷的历史事件。广义上是指1644年清军入关后的一系列由北至南的统一全国的战争。它标志着清王朝在全国确立政权的开始。

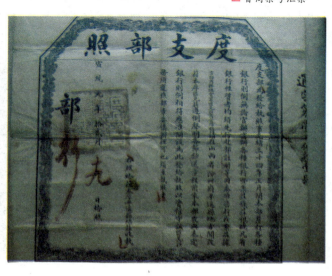

■ 晋商票号汇票

有一年，曹氏驻沈阳的富生峻分号掌柜回关内探亲，在路过高粱地时，突然发现高粱茎内有害虫，立即把消息报告曹三喜。

曹三喜预感到虫害会使高粱减产，于是立即决定大量收购高粱和其他粮食。果然，当年由于虫害，秋收大减，粮价暴涨，曹三喜不仅为自己的酒业储备了大量原料，还抛出了高价粮，因而大发其财。

曹氏商号用人，初以曹氏本族为多，后来商业发展，用人范围有所扩大，但也只在本省之内选用。用人途径大致有：一是各大号掌柜荐举；二是从伙友中提升。

被荐举者必须具备相当业务经验；被提升者必须已有一定劳绩。曹氏商号还聘用过一些能文善写的秀才，如高介臣、杨济溥等人。

曹三喜用人规矩非常严明，他不仅奖罚分明，而且铁面无私，例如，丰治通钱庄的两个掌柜发生矛盾，使钱庄生意受到很大影响，被曹三喜发现，立即将两人撤职。尽管他们两人均是有来头的人，一个是分号经理的儿子，一个是曹氏家族的亲戚，而且有后台说情，曹三喜仍不徇私情。

曹三喜用人不疑。沈阳分号有个掌柜，有一次亏了7万两白银，向曹三喜报告后，曹三喜觉得有客观原因，因而不但不责怪他，反而再给了他一批资本，结果掌柜又亏掉了。

曹三喜问他还敢不敢干？

晋商时期银币

■ 晋商用的算盘

掌柜果断地回答，只要东家信任，伙计一定再好好干一场。

结果，曹三喜又给了他第三批资本。这一次，掌柜果然成功了，不仅把前两次的亏损赚回来了，另外大赚了一笔。

曹三喜为了调动伙计的积极性，还实施了股份制，伙计可投资入股，如果业绩突出，还可入"顶身股"，就是以自己的技能和贡献入股。当年，曹氏商号，每一"顶身股"，年终可分得红利银子1000两。

曹三喜实行股份制，把伙计与东家的利益捆绑在一起，成了利益的共同体，所以伙计们都对东家忠心耿耿。

曹氏商号订有严格号规，员工必须遵守。如规定商号员工不得抽大烟、打牌等。宴请来客时，有指定的专管应酬的掌柜负责，宴请中一般不谈交易，待饭

顶身股 晋商独特的制度，即在企业的股份构成中，除出资人的银股外，还有掌柜阶层和资深职员持有的人身股。顶身股实际上并不出一文资金，而是凭自己的劳动，因此，有的地方也称其为劳力股。银股是事实上的资本股份，身股则纯粹是收益股份。

晋商票号的地下银库

后才看货、议价、交易。

掌柜及伙友，平日在号内必须穿大褂，外出或与来客治谈生意必须加穿马褂，以示恭敬。伙友有坐柜、站柜之分。站柜者为初进号之学徒，往往需站柜七八年后才能升为坐柜；就是已成为坐柜者见到掌柜时也必须站起。

住号伙友平日所穿衣服，都不准有口袋。清代使用铜钱，每位伙友有一个小钱串袋，按名次挂在柜房内，可作剃头、洗澡等开支。

如遇例假批准回家时，必须把携带的包袱收拾好，放在柜台上，表示请大家检查，内中绝无夹带柜内财物。平日号内吃饭，各伙友均按工钱多少依次而坐，不得乱位。

曹氏商业系封建的资本经营方式，随着社会的发展和国内外政局的变化，曹氏商业在清朝末期衰落。

阅读链接

创业发达的曹三喜回到太谷后，修建了一座曹家大院。

大院里有一个神祖阁，阁楼里供奉着祖先画像，还整整齐齐地陈列着6件物品：推车、沙锅、打狗棍、扁担、石磨和豆腐筐。祖先画像两边还有对联一副，其上联是"推车扁担开创三泰商号"，下联是"三泰商号经营推车扁担"，横联是"饮水思源"。

据说，每年春秋两季，曹家的长辈都会率领儿孙开阁祭奠，叩头烧香，长辈会给儿孙讲述家族的创业历史，以纪念祖先创业的艰辛，教育儿孙。

富甲天下大盛魁

大盛魁是清代晋商开办的最大的对蒙贸易的商号。大盛魁到底有多大呢？据史书记载，他们所经营的铺面，遍布蒙古、哈萨克、俄罗斯。他们所经营的商品，"上至绸缎，下至葱蒜"。

大盛魁在鼎盛时期，其雇员达7000多人，商队养有2万峰骆驼，其资本十分雄厚，号称其资产可用50两重的银元宝，铺一条从库伦至北京的道路。

清末，沙俄的侵略活动扩大，使大盛魁的营业受到影响，日见萧条。

晋商票号掌柜蜡像

■ 晋商杀虎口银号雕塑

大盛魁创办于清代康熙时期，当时清朝廷在平定准噶尔部噶尔丹叛乱中，由于军队深入漠北不毛之地，后勤供应困难，于是准许商人随军贸易。

在随军贸易的商人中，有3个肩挑小贩，就是山西太谷县的王相卿和祁县的史大学、张杰。当时环境十分恶劣，史大学、张杰两人就打了退堂鼓返回祁县，而王相卿奋力拼搏，最后稳定下来。王相卿便将史大学、张杰请回来，结为兄弟，决心齐心协力共创事业。

清军击败葛尔丹后，主力部队移驻大青山，部队供给经由山西右玉县杀虎口运送，王相卿三人便在杀虎口开了个商号，称"吉盛堂"，康熙末年改成"大盛魁"。清朝廷征服葛尔丹后，在乌里雅苏台、科布多驻守重兵，王相卿又将业务扩展至这些地区。

王相卿初到乌里雅苏台时，有一个王公的女儿身患重病，他将家乡带来的中成药"龟龄集"让她服用，逐渐痊愈。王公为了报恩，将王相卿的三儿子王德深招为贤婿，还给予"武德骑尉"的官职。由于有了这种姻亲关系，大盛魁的生意日渐兴隆起来。

清朝廷在乌里雅苏台驻有大量军政人员，他们的军需供应，均由大盛魁经办。大盛魁总号就设在乌里雅苏台，科布多等地则设分庄。

外蒙古王公向北京纳贡、值班和引荐，也由大盛魁予以协助、联系，并以高利贷的办法，贷给所需一切费用。乾末嘉初，大盛魁有了很大的发展。经营范围更加扩展，清朝廷把外蒙的税收也包给了大盛魁。

在清朝廷会同外蒙王公检查旅蒙经商者的票照时，很多人因为没有经商票照而停业。大盛魁由于和当地军政大员及王公贵族有着密切的关系，没有受到丝毫损失，反而以极低的价格接收了那些被驱逐出境商号的铺底和货物，以此开设了分庄。

这样一来，不仅使大盛魁意外得到大笔财富，而且接收了许多旅蒙商号多少年来在外蒙的贸易关系。

道光年间，大盛魁一方面扩大销售地区和增加经营货物品种的数量；另一方面加大放印票的数量。这时清朝廷又把征收驿站的费用也包给大盛魁。大盛魁的经营业务进一步发展起来。

大盛魁对购货、订货有一套办法。凡买大宗货，

外蒙古 是清代后期对漠北蒙古喀尔喀四部的称呼。其地大致相当于今蒙古国除苏赫巴托尔省、科布多省、巴彦乌列盖省、乌布苏省、库苏古尔省以外的大部分地区。后来成为独立的蒙古人民共和国。

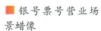
■ 银号票号营业场景蜡像

■ 山西晋商驼队

合价300银两以下的，现银交易，不驳价，表示厚待，这叫"相与"商号。但如果价高货次，则永不再与其共事。大盛魁的这种做法名声在外，也就无人敢来骗它。

对于手工业品订货，凡选中的手工业户，世代相传，也不随便更换加工户。当手工业户资金短缺、周转困难时，便借垫银两，予以扶持。这样，大盛魁就取得对这些加工户的手工业产品的优先购买权。

大盛魁对"相与"商号每逢账期予以宴请，表示厚待"相与"商号。但宴请时有厚有薄：凡共事年久或大量供货的商号，则请该号全体人员，并请经理到最好的馆子吃酒席；一般的"相与"，只请一位客人在较次的馆子吃普通酒席。

大盛魁购销的商品种类很多，自称是"集二十二省之奇货"。如驼头酒、砖茶、绸缎、蒙古靴子、药材、冻羊肉、皮毛等。其中的驼头酒、绸缎、牲畜、冻羊肉、皮毛几项的经营颇具大盛魁特色。

优先购买权 又称先买权，是指某一方在出卖人出卖标的物于第三人时，享有的在同等条件优先于第三人购买的权利。优先购买权已经成为民商法上较为重要的一项制度，古今中外立法对此都有相应规定。

大盛魁辉煌的商业传奇主要是依靠驼人及骆驼组成的庞大物流来完成的。远隔千里的蒙古、俄罗斯不仅路途遥远而且曲折难行，驼队必须由训练有素的驼人率领，这就是颇具传奇色彩的"驼头"。

每次商队安全达到终点时，分号掌柜或总号大掌柜总会备好窖藏8年以上的好酒奖励给坨头，以示敬重。这种贮藏8年以上的大盛魁酒就被称作"驼头酒"并流传至今。

大盛魁每年运销蒙古绸缎4000匹，洋布和斜纹布共6000匹。绸缎中以曲绸为大宗，曲绸以河南曲绸质最优，布匹中斜纹布约占五分之四，因斜纹布耐用，很受蒙古族人民的欢迎。

大盛魁从蒙古贩运到内地的牲畜主要是羊和马，据说每年贩运羊最少10万只，每年贩运马最少有5000匹。像大盛魁这样长期长途贩运羊马的商号，在我国历史上是少有的。

大盛魁因冬季沿路草少，赶运活羊往内地比较困难，便贩运冻羊肉到北京等地。

其办法是将羊宰杀后，剥皮，去头蹄五脏，仅剩两张肉板，剔去骨头，卷成肉卷，夜间把肉放在席子上，一夜冻好后，将肉放在冰房里。运销时将肉从冰房取出包好，不让透风，以保持肉的鲜美。然后

晋商票号掌柜蜡像

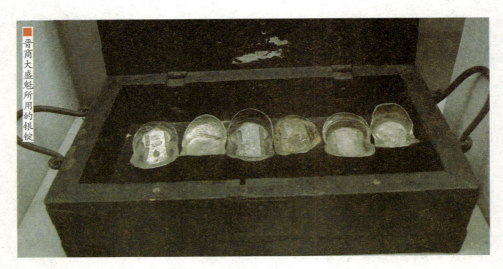

晋商大盛魁所用的银锭

用车辆、骆驼等运往销售地。

乌里雅苏台所属唐努乌梁海盛产兽皮，大盛魁用赊货、放贷等办法与猎户进行交换。另外，在官员每年挑选贡皮时，大盛魁派人参与其事，并借此获得上等兽皮，因此大盛魁在经营兽皮方面颇有优势，利润也高。

鸦片战争后，外蒙古变成俄国势力范围，大盛魁等旅蒙商号的黄金时代不复存在。在新形势下，大盛魁也曾采取新的经营方针，但这些经营规划在当时政治和经济双重因素的制约下，是不可能实现的。

阅读链接

段履庄是大盛魁末代大掌柜。1937年，日军占领绥远。得知段履庄在商界的威望，日本特务机关亲自登门拜访，请他出面组织维持会，遭到段履庄的严词拒绝。

1940年，段履庄被日军秘密逮捕，遭受酷刑折磨，但始终不肯妥协。97天后，被营救出来时，已经是遍体鳞伤口不能言。弥留三日后，瞪着眼睛去世。

在晋商的群体中，段履庄算不上是一个出色的商人。他浩然的气节，并没有淹没在商场习惯性的熙熙往来的利益之中。由此，段履庄值得我们追念。

山西大号蔚字号

　　清代末年，有一个全国规模最大的票号，它就是"蔚"字五联号。"蔚"字五联号以蔚泰厚为首，还有蔚丰厚、蔚盛长、新泰厚和天成享票号。

　　"蔚"字五联号虽然是继日升昌之后而起的，但发展迅速，规模宏大，名列山西十大票号前茅，颇为典型。

　　由于"蔚"字五联号分号分布广，招揽业务多，非常有实力，与日升昌并驾齐驱，还成了当时"最有信誉"的票号之一。

■ 晋商蔚泰厚票号旧址

晋商钱庄账房先生铜像

侯荫昌 为平遥
"五联"票号东
家，经过道光、
咸丰、同治几个
时期，分庄发展
至上海、苏州、
北京、天津等50
个城市，到光绪
年间总资产达
七八百万两，为
显赫一时之富商
巨贾。他有胆有
识，善用人才，
因而在商海中竞
争而一举成功。

道光初年，平遥城第一家票号日升昌挂牌营业时，鞭炮声惊动了周围所有的商号。与日升昌一墙之隔的蔚泰厚绸缎庄东家侯荫昌，看到票号业伊始就生意兴隆，财源茂盛，便下定决心经营票号。

经四处寻觅，侯荫昌聘请到了办事精练的人才毛鸿翙。毛鸿翙将蔚泰厚绸缎庄正式改为"蔚泰厚"票号，成为第一任经理。

在毛鸿翙的努力下，蔚泰厚票号的业务都蒸蒸日上，大见其利。于是，毛鸿翙下工夫说服了财东侯荫昌，把侯家的蔚丰厚绸缎庄、蔚盛长绸缎庄、天成享布庄等都改为票号，组成了"蔚"字五联号。总号均设在平遥城。

由于这几个票号的资本都是以侯氏家族为主，故被称为"蔚"字五联号。

"蔚"字五联号的规模是很大的，5个总号在全国各地都开设有几十家分号，和起来就有百余家，业务伸展到各个角落，这是其他票号无法相比的。

"蔚"字五联号经营的业务主要是汇兑、存贷款和代办捐项，服务对象主要有衙门、商户和个人。

首先是汇兑衙门官款。清朝廷允许各地京饷由票号汇解后，"蔚"字五联号承担着很多任务。

如：四川京饷8万两由蔚泰厚票号汇解户部；江西省奉拨黑龙江壬辰年俸厘金1.5万两，因路途遥远交由蔚丰厚汇到户部衙门；湖北向商号挪借银10万两，作为协饷发交蔚丰厚票号，汇至甘肃藩司衙门。

其次是汇兑商户款项。如蔚泰厚票号的《京都往来书稿》中的信件，就记载了为商户汇兑的情况。

如京都分号致苏州的信中讲道："于前月27日托天成局捎去第七次信，内报收汇去公正号关批足纹银500两，立去汇票一张，注定在苏4月23日无利交伊，平照前每百两比咱大3.6钱，共贴过咱费银3.5两。"

这是一项为商户从北京汇往苏州的业务，办法是让人捎汇票，在信中说明送票人的年龄特征等。

再次是为个人汇兑。汇兑是"蔚"字五联号的主要业务，特别是汇兑衙门官款占有很大比重。

存贷款也是"蔚"字五联号的主要业务之一。贷

协饷 在京饷之外，朝廷用以调度天下财政的还有"协饷"，也即是从有余省份的钱粮中指拨一部分解运于不足省份。票号经营上的"酌盈济虚"之法也有调度意义，即在总分号之间、各分号之间调度资金，增加放贷，扩大利润的做法，这是晋商货币资本经营中的重要办法。

■ 晋商银锭

款对象有官府也有个人。如蔚泰厚票号曾借垫给广东省饷银2万两。

贷给个人的贷款业务，如蔚泰厚票号厦门分号借给厦门各路商人，获利颇多。又如清朝末期，河南道口一带兴办工业，向蔚盛长票号借款4万多两。

代办捐项是替买官者汇兑款项。与日升昌相比，这一业务"蔚"字五联号是非常多的。蔚泰厚票号大约于1835年开始代办此项业务。在此项业务稀少时，各分号还相互告知降低费用以招揽业务。

由于"蔚"字五联号分号分布广，招揽业务多，非常有实力，成为山西最大的票号之一，也是"最有信誉"的票号之一。当时有报纸发表评论说："蔚丰厚尤占盛名，盖其号掌郝登五，思想开展，手段敏练，久为政商各界所引重。"

信誉虽然是建立在诚信之上的，但与实力也有很大关系。"蔚"字五联号的实力是很雄厚的。

蔚泰厚票号每股分红一般为五六千两，最多时达到一两万两。

蔚丰厚票号投资17万两白银，每股银1万两，人银股共50股，每股分红一般六七千两，最多1万两。

蔚盛长票号最初资本12万两，后来发展至16万两，至歇业时尚有资本24万两。

新泰厚票号，初期有资本16万两，歇业时为26万两，每股红利分红一般七八千两，最多达到1.5万两。

天成亨票号，开始时有资本6万两，每股分红最少1000两，一般为3000两至6000两，后来发展到每股分红达1.2万两。

蔚泰厚票号苏州分号，业务量大时承汇各地银两21万多两，同时收到各地汇款31万多两。

"蔚"字五联号在全国各地设立了许多票号分庄，计有：上海、苏州、宁波、厦门、福州、南昌、长沙、常德、汉口、沙市、济南、北京、天津、沈阳、哈尔滨、成都、重庆、兰州、西安、乌鲁木齐、广州、桂林、开封、周家口、道口、昆明、太原、运城、曲沃等地。

经营机构如此庞大，而且有一套完整严格的规章制度约束，因此利额越滚越大。以蔚泰厚为例，该号曾经算过的7次大账，结果是平均每次每股分红多则1万两，少则七八万两。这样，"蔚"字号的声誉日高。

平遥南大街晋商票号旧址

尽管平遥日升昌票号是山西首创票号，基础雄厚。然而，敢与日升昌展开激烈竞争者唯有侯氏"蔚"字号，经过多年竞争，"蔚"字号大有后来居上之势。

蔚泰厚票号旧址

金融形态

历代金融与货币流通

"蔚"字号在发展的极盛时期，举凡官家粮赋税款、兵饷丁银及朝廷开支，均由票号过局，业务量特别大，票号大发其财。

光绪末年，大清银行成立后，山西票号由盛转衰，业务每况愈下。不久，侯荫昌去世，由其过继的儿子侯继任财东。这时的规章制度已有松懈迹象。

在其后的动荡时期，"蔚"字号大受损失。各号虽然在困境中奋力搏击，甚至结交官府以免损失和破落，但由于大势所趋，"蔚"字五联号中大都纷纷倒闭。

从侯家的发家史可以看出，侯荫昌作为该家族的一个核心人物，他很有才干。他创业成功的主要秘诀，首先是有胆有识，机敏果断，并且善用人才，善于掌握商情，敢于投其巨资，在商海中竞争而一举成功，成为山西票号中一个很有影响的代表人物。

阅读链接

毛鸿翔在侯家"蔚"字票号担任经理39年，为侯家挣了几万两白银，也为自己挣了20多万两银子。

毛家在毛鸿翔时代，前前后后共购置了数百顷土地，在中条山一带，还购置了林山六七处，这些土地、林山全部出租，每年仅地租就可收入4000余石粮食。

毛家还在平遥城内开设有晋泰昌布庄和日升烟店，为了搞好日升烟店，还在晋南的曲沃县设有日升烟厂，专门制造旱烟，积累了巨大的财富。

钱庄银号

钱庄是我国早期的一种金融信用机构。早期的钱庄，大多为独资或合伙组织。规模较大的钱庄，除办理存款，贷款业务外，还可发庄票，银钱票，凭票兑换货币。后来在银钱兑换的基础上，逐渐发展成为信贷活动的机构。

主要从事中外贸易的资金划拨、通融，为洋货内销和土产外输提供信用支持。

钱庄适应当时的商业要求，对促进工商业发展方面，更有其重要贡献。

钱庄的产生与消亡

我国历史上货币多样，有铁钱、铜钱、银钱和纸币等，名称也极为繁复。于是，一种专门的货币兑换机构出现了，这就是钱庄。

不同区域的名称不同，也根据规模的不同有其他称谓，如银号、钱店等。

钱庄是银行的雏形主要评定银两成色，将银换成铜钱或将块银换成碎银，以满足商品交换和日常生活的需要。钱庄曾经与外国银行和本国银行形成三足鼎立之势，后来被现代银行所取代。

■ 古代钱庄旧址

明英宗期间，流通了270多年的明王朝官方货币大明宝钞贬值，朝廷放松用银禁令，银钱公开流通。此后几朝，由于私钱庞杂，贩卖铜钱和私铸私熔更多，铜钱轻重不一，成色各异。

在此情况下，出现了若干专营铜钱兑换的金融组织，称为"钱店"，又叫"钱铺"、"钱桌"。

■ 古代钱币之铜钱

1529年，私贩铜钱者更多，明朝朝廷下令禁止贩卖铜钱，导致经营货币兑换业务的钱桌、钱铺等私相结约，各闭钱市。

1577年，明代理财大臣庞尚鹏奏准设立钱铺，是为钱铺法定之始。法定钱铺允许由市镇中殷实富户开设，随其资金多寡，向官府买进制钱，以通交易。

明代末年，钱铺已成为一种独立经营的金融组织，不仅经营兑换，还办理放款，提供签发帖子取款的便利。原来在两地联号汇兑的会票，也就是现在的汇票，也成为钱铺发行有钞票性质的信用流通工具。

至清代道光年间，钱铺始称"钱庄"，也有的称为"银号"。其实，钱庄与银号实为一类。大抵在长江一带名为钱庄，在北方各省及广州、香港多呼为银号。习惯上，华北、东北各地多称银号，长江中下游

道光 （1782年~1850年），清宣宗爱新觉罗·旻宁的年号，他是清入关后的第六个皇帝，谥号"效天符运立中体正至文圣武智勇仁慈俭勤孝敏宽定成皇帝"。他在位期间正值清王朝的衰落，他为挽救清王朝颓势作了一些努力，但无力拯救危局，清王朝进一步衰落。

晋商钱庄银号地下银库

及东南各地，则钱庄、银号两种名称都有。

在兰州不论规模大小均称为银号，其又分为3种：门市银号，经营银钱兑换，收入贴水；驻庄银号，系外地钱庄派驻单位，所营存放汇业务均通过当地银号进行；普通银号，经营存放汇兑换业务，当地基本队伍。

广州钱业分为3类：银号，以放款为主；西号，以汇兑和存储官款为主；"五家头"或"六家头"，以开炉倾销银锭为主，相当于银炉。由于长期经营习惯，各地还有许多名称和做法。

明代建成的钱庄，在清代继续发展。清代以银两为主，兼用制钱，清代晚期加上银元、铜元和纸币，沿用了很长一段时间。这五大类货币之间及其本身就有多种成色、版别、折价、鉴定、公估、兑换行情及地区差价等的计算行用。

因此，在清朝初期期间，钱庄业务越加活跃，除包揽兑换外，还大做存放汇和保管保证等业务，并发行钱票和其他票券，成为该期的主要金融机构，操纵兑换和银行大权。

从钱铺发展至钱庄，开始的时候，许多钱庄并非单纯进行银钱兑换，往往兼营其他行业。

以上海钱庄为例，在外商华商之间，以庄票为经营进出口贸易的纽带，庄票如同现金，是早期外国银行唯一认可的中国票据。

钱庄与商家关系密切，通过存、放、汇、发行庄票和兑换业务，对商家融通资金，调剂头寸，清算账务，使其得以灵活周转，持续营运，对沟通上海与内地的金融关系和商业关系尤为密切。所以，上海钱庄已成为控制上海商界的一个重要因素。

清朝末期，钱庄汇划业务迅速展开，深入内地。如上海钱庄就同武汉、镇扬、宁绍等地钱庄建立业务联络网，有联号、代理关系等，通过这些地区向内地进一步渗透。

口岸钱庄在外国银行洋行的操纵下，以资金支持内地的钱庄，根据合约办理汇划，每年进出高达数千万两，有力地控制着内地金融，并为外商对华收购倾销原料商品充当买办。

钱庄还经营生金银买卖，鉴定金银、银元和各种金属货币的成色、重量和真假，并核定其价格。

有些资本雄厚的钱庄还附设或控制银炉、银楼、金店、铸造和买卖金银器饰。钱庄不仅利用其左右

061

银钱兑换

钱庄银号

■ 平遥日升昌票据

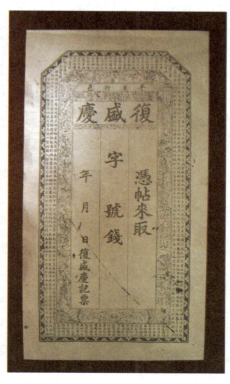

金融形态

历代金融与货币流通

■晋商票号钱庄金井

兑换的特殊地位，长期操纵银两银元市价，还进行证券、公债、花纱布等活动。

后来，在沿海地区，特别在五口通商地，钱庄、外国银行、本国银行一度成三足鼎立之势。随着钱庄地位渐次被银行所取代，钱庄在银两、银元和兑换业务上的好处所剩无几。在这样的历史环境下，钱庄逐渐淡出了金融领域。

阅读链接

相传，清朝末年青岛曾发生过一桩钱庄诈骗案。

说有一个姓王的男子，在刻字铺刻了一个裕大号以及该号经理的图章，伪造了一张3.7万元的汇票，顺利将钱提走。

当钱庄发现汇票是伪造的时候，已经过去10多天。当钱庄报警之后，警方经勘查，发现在中山路的义聚合有客户存入3.6万元的巨款，而且户主并非商贾，于是进行调查，很快就将王姓男子抓捕归案。这个钱庄诈骗案就真相大白了。

钱庄的运作方式

钱庄与银行的相同点是都属于金融机构，不同点是，钱庄是我国古代历史的金融象征，规模较少，势力薄弱。银行是后来从国外传入的，并逐渐取代了钱庄，而成为新时期的金融力量。

钱庄一方面收受存款，受人信用；一方面则放出款项，授人信用，以取得利息。

各地钱庄的放款对象多是以商人为主，不是普通人家。因此，在放款形式上，钱庄顺应我国商人的传统习惯和心理，一直以信用放款为主。

■ 平遥南大街晋商票号钱庄旧址

钱庄的信用放款类型有活期和定期两种。值得注意的是,钱庄对定期放款期限通常规定为一个季度或两个季度非随意的,而是为了适应商业资金需求的季节变化。因为当时出口贸易商及加工出口行业需要多收购土特产,其短期资金需求的状况,自然随着农副产品上市的季节性之分而有规律性的变化。

信用放款的风险是不能完全避免的。有的地方钱业为了进一步减少被客户欠账的风险,制订了成文的行规进行自我保护。这是钱业与收取抵押品为借贷保证的典当业在经营原则上的根本不同之处,也是钱业引以为自豪之处。

正如某钱庄的一份行规所说的:

■ 晋商钱庄票号古
建筑

> 钱店一业,百行推尊,自宜去华崇实,取昭诚信。

钱业以"诚信"、"信用"为立业原则,意味着一方面钱庄依靠自身笃守信用进行各种营业活动,另一方面要求来往客户也得信守信用,二者缺一不可。

从历史上看,钱庄薄利多收的经营原则主要体现在两个方面,一是把握放款取息与存款付息之差；二是把握货币兑换的差价。

钱庄用于放款的资金长期依靠的是所吸收的存款。存款是要付给利息的。所以，存款与放款的利息差价，是钱庄传统的重要业务收益来源。

如在武汉，钱庄的存款利息都按同业拆借市场的日拆计算，放款利息则按日拆加1.2角，折合月息3.75‰。因此，所收存款如果能全部放出，也只能得到月息3.75‰的收益。

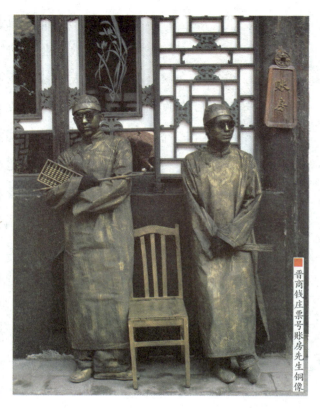

晋商钱庄票号账房先生铜像

如果只放出存款的60％，则放款等于无利可图。然而，事实上钱庄的利润相当优厚，一家资本总额三四万的钱庄，一年获净利一两万元不足为奇。这样，按投资资本额计算，其年利润率常在50％以上。

之所以有如此高的净利润率，主要是靠精打细算，薄利多收，而其窍门就在于要尽可能地把存款安全地贷放出去。这在汉口钱庄的行话中叫作"内空外通"。

"内空"意为把本庄的自有资金和吸引的存款尽量贷放出去，以不浪费头寸；"外通"意为要设法吸引存款，增加资金来源，当金融市场银根紧张或本庄头寸不足时，能及时疏通资金渠道，补足头寸。

做到"内空外通"，就能在保证存款兑付信誉的前提下，尽可能地让资金不断地周转，最大限度地减少资金留滞钱庄内的时间。

为了充分利用哪怕是短暂闲置的资金，上海钱业内部还产生"存放同业"的特殊放款方式。

上海财力较大的钱庄在每年的农历十二月二十左右收回对工商业往来户的放款之后，除酌留现款准备之外，常将多余款项放与其他钱庄过年取息，惯例以15天或20天为期，最多不超过一个月。这也是尽量利用放款取利的一种经营方法。

正因为钱庄在运用资金方面讲求灵活和周转迅速，所以与现代银行相比，他们虽然是"小本经营"，其放款营业额却常常可以超出成本的几十倍，从而获得丰厚的利润。

把握货币兑换的差价，最终目的当然也是为了利润。多种货币之间的兑换是钱庄的传统业务，其兑换差价就是利润的来源。这项业务直至后来货币改革，废"两"改"元"，方才停止。

■ 晋商钱庄票号室内布置

■ 明清时期流通货
币金银元宝

　　钱庄的银钱兑换业务是近代银两制度严重缺陷的必然产物。明清时期以来白银虽然逐渐成为货币本位，但是它长期是以称量货币的自然形态进入流通的，没有全国统一的制度，使用起来十分复杂。

　　至清代，银两总称元宝银，有4类形制，一是元宝；二是中锭；三是小锭；四是碎银，即零星银屑。

　　尽管银两的种类大致有4种，但各地所铸各种宝银的重量和成色实际上各行其是，因而各地的银两又有自己的名称。

　　制钱是朝廷铸造的有一定形制和面值规定的铜钱，直至清朝末期才停止铸造。各地官府铸造的制钱的种类和价值也多有不同，由此又产生了各种银两与制钱的兑换需求。

　　随着中外贸易的发展，明清时期以来市面上已有大量的各种外国银元在流通。

银两制度是一种适应我国古代经济的货币制度，是古代社会中商品经济发展的产物。它的诸多缺陷，如形状和重量都不合用，名称和种类过于复杂，成色高低不齐，平法大小不一，铸造分散，流通极为不便等，显示出它的落后性。

库平银 清代虚银的一种，为朝廷征收赋税和国库其他收支活动中称量银两的标准。我国古代各朝银质钱币均无统一规范，因此在使用时，需要鉴定成色并称重。明清时期以后，在衡量价值时，一般以称重时使用的古代质量单位"两"为银质钱币的单位。当时一两约合今日37.75克。

■ 清代货币银票

鸦片战争后，由于外国洋行和银行开设的增多，洋钱流入更多，如墨西哥铸造的"鹰洋"等。由此又产生了我国银两、制钱与外国银元之间的兑换需求。

不难想象，如此种类和名目繁多、成色不一的银两、银元和制钱，在流通中要换算使用该有多大的麻烦。而钱庄的业务，就是进行这些货币的兑换，是应社会需要产生的金融服务。

早期钱庄的货币兑换主要是银两和制钱之间的兑换，一般统称为银钱兑换。

鸦片战争之后，内地的钱庄仍主要从事银钱兑换，而沿海地区的钱庄则转为主要是应激增的中外贸易需求而进行的本国银两与外国银元之间的兑换，一般称为银元兑换。

洋厘和银拆是钱庄的两个独特经营方式，作为操纵金融行市的手段，对钱庄发展起重要作用。

洋厘是以银两表示的银元市价。银元俗称洋钱或洋钿，银元一枚合库平银7.2钱或漕平银7.3钱，以此为市价基础，随行市涨落至厘位止，故称之为"洋厘"或"厘价"。

以银两为计算标准拆借的利率叫银拆，以银元计算的叫洋拆。钱业中有时统称银拆或

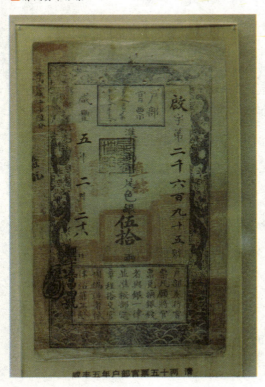

咸丰五年户部官票五十两 清

拆息。这是钱庄同业之间相互拆借的利率，由钱庄同业公会或钱行、钱业公会操纵。

古代钱币铜币银币

洋厘指银元折合银两的每日市价。如果纯粹以含银的比价换算的话，普通每一银元含银7.3钱，即意味着按每两银价的73%就可兑换一银元。

然而事实上，正如其他货币兑换比价一样，银元与银两的实际兑换率必须根据金融市场对银元的供求情况而定。把握市场对银元的供求情况，利用好洋厘的季节性波动，就可以从中获利。

由于短期商业资金需求甚大，尽管洋厘号称毫、厘之利，钱庄的赢利仍甚为可观。

后来，钱庄的流动资金来源有了重大变化，增加了山西票号的定期存款和向外商银行的拆票。拆票是钱庄同业间互相借贷的一种短期借款，期限一般为两天，由此可见其灵活性。

阅读链接

上海的九八规元很有些来历。1856年，上海商界一律改用规元为记账单位，1857年在沪外外商也采用规元为计算标准。后来西班牙本洋来源断绝，市价上涨，几同上海规元的价值相等。于是，1933年将货币单位废"两"为"元"。

当时规定，将上海的二七宝银使用时称"九八"升值：比如二七宝银重52两，加升水2.75两，合纹银54.75两，再行九八升算，即除以0.98，则合规元55.826两。"九八规元"之称，即由此而来。

上海钱庄称雄江南

在明代，随着江浙地区的商业突飞猛进的发展，江浙地区成为钱业的中心，上海是龙头。清朝廷开放海禁后，允许"开海贸易"、商船商运，于是国内南北商船往来频繁。

清代的上海，位于长江三角洲，是我国商品经济最发达地区，不仅是南北洋航运的中心，也是连接海运和内河航运的枢纽。

上海开埠以后，其进出口贸易日渐频繁，钱庄便因资金融通需要的迫切而发达起来，并且迅速称雄江南。

■ 上海古代钱庄

钱庄在上海起源很早。相传乾隆帝时期，有个绍兴商人在上海南市开设炭栈，常常把栈中的闲置资金用作银钱兑换，还放款给邻近的店铺与北洋船帮，获利甚丰。

后来，他把副业当成正业，专营兑换放款业务，成为上海钱庄业的鼻祖。

随着工商业的逐渐发展，上海钱庄家数日多。各钱庄为轮值承办祭业，已有钱业公所的设置。

清代乾隆年间，上海有钱庄17家，在公所活动中名列前茅的有石源隆、三泰源、正和庄、长元庄、凌太源等，当是资本最多、牌子最老的几家钱庄。

清朝廷对于金融机构的管理，仅限于北京一隅。故上海钱庄的设立，并不需要向衙门申请注册，只需将资金额及营业范围开明，东家、掌柜署印，请同业中人作保，经钱业公所开会决议同意即可开业。当时钱庄的规模都比较小，主要业务是兑换货币。

一些拥有巨资的富绅，见钱庄利益稳厚，竞相投资。钱庄业务也随商业的繁荣而扩展，除兑换货币外，又增加存款、放款、开发庄票。当时市面热闹的南市与北市，钱庄极多，尤以南市为众。

为解决国内商人银两的折算和外国商人带来的银

■ 钱庄支票

公所 同业或同乡组织，除称会馆外，也称公所。如四明公所、浙绍公所等，它们成为上海势力最强的同乡公馆。一些公所的遗证，已经成为上海人民反对帝国主义扩张租界和进行经济斗争光荣历史的见证。

■ 民国时期汇票

庄票 是由民间金融业的商户、当铺、地方商会等机构发行的信用纸币，一般没有经过当时朝廷的批准，流通范围仅限于所在地狭小范围。庄票的流通，解决了市面找零的困难，改善并提高了发行者的营业状况，从客观上看，对某局部金融经济的发展起到了推动作用。

元计价问题，上海钱庄业曾经采用一种虚拟的银两记账单位，名叫"规元"。这一发明，极大地便利了各地商人的商业记账。

上海钱庄的种类十分复杂。大而言之，则有汇划庄、挑打庄、零兑庄3类。

汇划庄是钱业公会的会员庄，系上海钱业中势力最雄厚的钱庄，资本较多，营业范围也较广，开出的庄票信用甚好，流通普遍。这类钱庄加入汇划总会，一切票据收解都可用公单在汇划总会互相抵轧汇划。一般所称的上海钱庄，指的就是汇划庄。

业务与汇划庄相仿而资本较少、没有资格参加汇划总会的钱庄，称为挑打庄。挑打庄的一应票据收解需委托汇划庄代办。

零兑庄又称门市钱庄，主要业务只是零星兑换，这是各类钱庄中最小的一种。

上海钱庄因投资者和经理的籍贯不同，形成钱庄中地区性帮别，上海有绍兴帮、宁波帮、苏州帮、松江帮、浙江南浔帮、镇扬帮等9个帮别。其中宁波帮和绍兴帮势力最大，简称宁绍帮。

　　据浙绍公所永锡堂正殿碑记载，乾隆初上海钱业、炭业、豆业商人曾合办浙绍公所，是一种较大的钱庄。浙绍公所的董事大都是钱庄巨东或著名钱业经理商，是钱业界叱咤风云的领袖人物。这是旅沪绍兴帮钱商强大实力的反映。

　　除了货币兑换的基本业务外，宁绍帮的钱庄业充分利用了上海国际国内贸易中心的优势，创造性地发展出我国特色的商业汇票体系，在内外贸易之间，将外国金融资本和我国的贸易市场，整合成一个灵活而有效的汇兑平台。

　　五口通商之初，洋行进入上海采购我国土特产并销售外国工业制成品。他们遇到的第一个大难题，就是对我国的供货商和采购商缺乏商业信任。采购我国商品担心付款后收不到货，销售外国产品害怕发货后收不到款。

洋行模型

■宁绍帮钱庄

　　宁绍帮的钱庄抓住了这一巨大的商业机会，创造出了"庄票"这一汇票工具，从而促进了国内国际贸易的迅猛扩张。

　　宁绍帮所发明的庄票是由华商向钱庄申请"以贸易为基础"的5天至20天兑现的汇票，采购洋行货物时，即以庄票支付。

　　洋行一般不信任华商，但对于钱庄，特别是有实力的钱庄，还是相当认可的。其原因在于洋行普遍采用的买办制度。

　　买办不仅对当地钱庄的实力非常熟悉，而且一旦出现意外必须承担责任。如果到期华商不能支付货款，则钱庄负责向洋行垫支，然后钱庄再去找华商算账，也可由钱庄向洋行直接支付，再向华商收款。

　　这样一来，洋行的货好卖了，钱庄签发的庄票是要收利息的，于是扩大了钱庄的利润并增加了新的业务。华商则获得了短期融资，扩大了业务量。

　　这是一个三全其美的金融创新。而且，这些庄票的持有人可以在很多钱庄或外国银行进行打折贴现，随时得到现金。

清德宗末年，有某丝栈亏本50多万两倒闭，涉及40家钱庄。当时恰逢年尾，银根一紧，市面骤起恐慌，不少商家因周转不灵而关门。于是钱庄放出之款不易收回，竟有半数钱庄被迫停业清理。

接着，又发生贴票风潮。当时有个协和钱庄，首创贴票办法，以高利吸收存款。凡以现金98元存入者，付给庄票一纸，半月后即以该票往收现金百元，这叫"贴票"。

一般家庭主妇向钱庄贴票的甚多。有人见此法吸收存款甚易，纷纷开设贴票钱庄，在石路、宝善街等处，开设至七八十家之多。

开始信用尚好，后因仿行日多，利息日高，贴票额也日钜，终于发生到期不能如数兑现的情况。于是，市民持票挤兑，凡是经营贴票业务的钱庄，几乎全部倾覆。

其余钱庄因提款关系被拖累倒闭的也为数不少。没想到一波未平，一波又起。宣统帝在位期间，橡皮股票风潮又席卷钱庄业。

后来，橡皮股票风潮余波尚未平息，人心不定，商业凋零，上海的钱庄业终于式微了。之后，钱庄虽还有过短暂的发展，但随着银行的兴起，钱庄在上海金融业中的地位已无足轻重了。

阅读链接

据说，在清朝末期钱庄兴盛之时，很多外国商人也到我国坑蒙拐骗偷。

相传当时就有个外国冒险家在上海创设橡皮股票公司，发行股票，并在报上大登广告，吹嘘未来世界橡皮用途无限。上海商民受其蒙蔽，竞相购买。

在此人的连番宣传下，很多钱庄也以为这项股票远胜现金，于是争先收贮。谁想那个冒险家巨款到手后便溜之大吉，股票价格随之一落千丈，视同废纸。自此以后，上海的许多钱庄因此停闭倒歇。

胡雪岩的金融网络

胡雪岩是晚清著名企业家，政治家。他不仅被誉为一代巨贾，同时他也具有清代官员身份，并积功升迁至江西候补道，被称为"红顶商人"。以商人的身份，戴红顶子，是清代极少数的特例。

胡雪岩长于经营之道，富甲一时。他在左宗棠等人的支持下，于各省设立阜康银号20余处，并经营中药、丝茶业务，操纵江浙商业，资金最高达3000万两。

胡雪岩在我国历史上被称为"一代商圣"，是我国封建社会商界的一个传奇。

■ 红顶商人胡雪岩塑像

■ 万盛钱庄

　　胡雪岩是清代末年徽州绩溪人，小时候家里很穷，从小便帮人放牛。长大后经人推荐，进了钱庄当学徒。

　　自从进入钱庄的那一天起，胡雪岩勤学苦练，勤勤恳恳，深得老板的赏识，多次破格提拔。后来更是将钱庄的全部财产赠与胡雪岩。

　　老板在临终的最后一刻，给胡雪岩留下一句话："你命中有好也有坏，愿你今后多做好事，多积阴德。希望你能学我，勤奋积财。"这一年，胡雪岩刚刚27岁。

　　胡雪岩经商成功得益于左宗棠的帮助。早在胡雪岩学徒的时候，左宗棠的部将因为军队粮饷紧缺，奉命来钱庄借钱，开口便要2000两银子。当时钱庄老板不在，在场的伙计都不敢做主放款。

　　就在这时，胡雪岩挺身而出，亲自做主将银两借给了官兵。此事给左宗棠留下了很好印象，后来帮助

左宗棠（1812年~1885年），湖南省湘阴人。晚清大臣，湘军的将领，谥号"文襄"，他一生亲历了湘军平定太平天国运动，洋务运动，率军平定同治陕甘回变和收复新疆等重要历史事件。与曾国藩、李鸿章、张之洞，并称"晚清四大名臣"。

■ 杭州的胡庆余堂旧址

胡雪岩开办了阜康钱庄。

左宗棠任浙江巡抚时，委任胡雪岩为总管，主持全省钱粮、军饷，因此阜康钱庄获利颇丰。京内外诸公无以阜康为宫外的仓库，寄存业务很多。

胡雪岩还协助左宗棠开办企业，主持上海采运局，经手购买外商机器、军火及邀聘外国技术人员，从中获得大量回佣。他还操纵江浙商业，专营丝、茶出口，操纵市场、垄断金融。

钱庄与银号是胡雪岩的主要业务，他开的钱庄、银号遍及南北主要各大城市。只阜康钱庄的支店就达20多处。

如在杭州，阜康钱庄外，另设阜康银号；在上海，设阜康银号、阜康雪记钱庄；在宁波，设通裕银号、通泉钱庄；在福州，设裕成银号；在汉口，设翰裕银号；在北京，设阜康福记银号。

除了钱庄、银号之外，胡雪岩还拥有当铺26家，其中23家在江浙，3家在两湖。典当铺也属金融业，它和钱庄、银号一起成为胡雪岩在全国范围内所组成的金融网的一部分。

这一金融网在各处都集中收储了大量浮财。如

奕䜣（1833年～1898年），道光帝第六子，号乐道堂主人，爱新觉罗氏，统称"六王爷"。清末洋务派、军机大臣、总理衙门首领，保守派对其部称为"鬼子六"。赐爵位世袭罔替，身后谥"忠"。

在北京，达官贵人大都向阜康银号存储巨额款项，其中有恭亲王奕诉，刑部尚书文煜等，仅文煜一人即存有50余万两。有这样雄厚的资金，胡雪岩便可广泛投资，生意越做越大。

在胡雪岩的金融网络中，杭州胡庆余堂国药号值得一提。该药房开设在杭州最热闹的大井巷，店堂款式不落窠臼，非常引人注目。广告宣传也做得十分出色，胡雪岩亲手书写的"戒欺"两字匾额悬于店堂之上。他还在报纸上大登广告，使穷乡僻壤、边远地区都能看到，想买什么药只需通过邮寄便可。

除了文字广告之外，胡雪岩又亲自出场做活广告。在胡庆余堂开张之日，他身穿官服，头戴顶戴，亲自在店堂内招待顾客。

在活动现场，胡雪岩见一农民对所买的药微露不悦之色，他上前审视，见药的成色确实欠佳，当即向

文煜（？～1884年），清朝的官员，并获赠太子少保，谥号"文达"。他曾历任直隶霸昌道、四川按察使、江苏布政使、直隶布政使、山东巡抚、直隶总督、内大臣、镶白旗汉军都统、左都御史、刑部尚书、武英殿大学士等。

■ 胡庆余堂复原后的场景

■ 钱庄的商人交流复原蜡像

徐润（1838年~1911年），又名以璋，字润立，号雨之，别号愚斋，广东省珠海市北岭村人。晚清商人。晚年组织编修《北岭徐氏族谱》，撰写《徐愚斋自叙年谱》，派人回故乡北岭村修建村道、祠堂，修筑"竹石山房"，捐资办义学。

该人道歉，约定来日掉换。这个农民后来逢人便道此事，胡庆余堂和胡雪岩的名声由此大震，生意分外见好。甚至一些医生在嘱咐病人吃药时，也说此药必须抓自胡庆余堂，才能收药到病除之效。

此时系1876年，广告风气未开，胡雪岩却已懂得利用广告促销，足见其善于探索新事物。

胡雪岩经营胡庆余堂的另一个特色是自办药材和采取一条龙生产、服务措施。

他所采办的原药材，不通过药材行，而是在产地自设坐庄，选派得力的行家里手，亲赴产地收购，或隔年贷款，使药农预为周转，药农自乐于先以上品献之，这就保证了药房原材料选择上的优质。

在药品的生产与销售上，胡雪岩设胶厂、鹿园，另设饮片、参燕、切药、丸散、采选、炮制、细货、储胶、配制、细料、邮寄等11个部门，实行一条龙配套作业，所产的四大类成药，大都饮誉海内外。

胡雪岩的胡庆余堂越办越有特色，规模也不断扩大，渐渐成为南方首屈一指的大药房，与北京同仁堂并驾齐驱，在南北各树一帜。

胡雪岩的阜康钱庄和胡庆余堂虽设在杭州，但胡雪岩经商活动的中心却在上海。

他与上海的大买办、大商人徐润、盛宣怀等都有交游，还与法商、德商、英商等洋仃有各种各样的往来和交情，加之他又是洋务派代表人物左宗棠的红人，所以他在上海左右逢源，无往不利，生意越做越大，越做越红火。

胡雪岩刚开设钱庄、银号、当铺和胡庆余堂时，有资本280万两，至1872年，已增至2000万两以上，后又达至3000万两左右，故而人称其为"活财神"。

由于辅助左宗棠有功，胡雪岩还曾被朝廷授江西候补道，赐穿黄马褂，成为典型的官商。

有清一代，富商捐官戴红顶者有，但既戴红顶又穿黄马褂的仅胡雪岩一人。连官居二品的浙江巡抚大人到了杭州元宝街胡家门口，骑马的也得下马，坐轿的也得落轿。胡雪岩着实风光一时。

阅读链接

胡雪岩在筹办阜康钱庄之初，急需一个得力的"档手"。经过考察，他决定让大源钱庄的一般伙计刘庆生来担当此任。

钱庄还没有开业，周转资金都没有到位，胡雪岩就决定给刘庆生一年200两银子的薪水，还不包括年终的"花红"。胡雪岩还让他把留在家乡的父母妻儿接来杭州，上可尽孝，下可尽责，解决了后顾之忧，以便倾尽全力照顾钱庄生意。

胡雪岩的举动让刘庆生彻底心悦诚服了。从此以后，他对阜康钱庄的营运兢兢业业。

我国古代的高利贷

高利贷信用产生于原始社会末期，是最古老的一种信用形态，是通过贷放货币或实物以收取高额利息为目的的一种信用关系。

在奴隶社会和封建社会中，高利贷是一种占主导地位的信用形式。也就是说，在现代银行制度建立之前，朝廷放贷和民间放贷是一种普遍现象。

在我国封建社会，高利贷作为一种金融信用形式，是封建经济的组成部分，是小生产者仅用于维持简单生产活动的有利保障。

■ 古代的铜钱

■ 清代的铜钱

高利贷产生于原始社会末期，在奴隶社会和封建社会，它是信用的基本形式。我国古代高利贷在长时期内是朝廷经营与民间经营、货币借贷与谷物借贷同时并存。

春秋时期，《周礼》有由国家机关"泉府"贷放货币的记载。"泉"通"钱"。《周礼》谓地官司徒所属有泉府，掌管市的税收，收购市上滞销商品以待将来需要时出售，管理人民对财物的借贷及利息。

西汉末年，商人势力再次崛起，王莽改制时，设置专门的官吏，负责平衡物价、赊贷事务。当时市场上的平衡物价，实为贱买贵卖，从中获利；而赊贷事务本身就是带有利息的赊欠和放贷活动。

唐王朝的"公廨本钱"，官府用公款投入商业或贷放市肆，主要是对城市商人和手工业者的放款，从中取利。

宋代，官营高利贷推及农村，王安石的"青苗法"就是和预购相结合向农民放款。

《周礼》 西周政治家、思想家、文学家、军事家周公旦所著。所涉及之内容极为丰富，凡邦国建制，政法文教，礼乐兵刑，赋税度支，膳食衣饰，寝庙车马，农商医卜，工艺制作，各种名物、典章、制度，无所不包。堪称为上古文化史之宝库。

■ 当铺老板铜像

宋以后，官府除保留救济性赈贷，以及常平仓和社仓等非高利贷的借贷之外，以营利为目的的官府高利贷逐渐消失。

民间高利贷在春秋战国时就已具相当规模。齐国有一些放贷者，常常贷钱和贷谷物，遍布全国。比如齐国孟尝君贷款给薛邑农民，一次收债就得利息10万钱。

唐宋以后，民间手工业特别是小农经济日益发展，高利贷遂进一步发展。首先是典当业。典当就是以借款人提供抵押物为特征的高利贷形式。其借贷对象多为工农业小生产者和城市贫民。

明清时期，随着商品货币经济的发展，具有高利贷性质的典当除在城镇发展外，还深入农村，并有大规模资本积聚，成为高利贷的重要形式。

明万历间，浙江乌青镇有典当9处。清嘉庆间，陕西有当铺30多处，散布于渭南、临潼、蓝田、咸宁、长安数百里之间。

除典当外，商人、地主还以其他形式经营高利贷。清代，山西商人遍布各地，其中许多人经营高利贷，并多在北方各省活动，专以放债营业。

地主在农村放债，本是古老而普遍的现象。随着商品货币经济的发展，地主中遂出现大量经营放债者，这就是高利贷。

清代，这种高利贷发展为以物换谷。如江西地主以谷为本，多的达数千石。湖南的这种谷本叫"头谷"或"源头谷"，多的达万石。

高利贷是以利息率高为特征的借贷，因此，历代封建王朝都颁有法定利率。

比如汉代有列侯因取息超过法律规定而被免爵的记载，体现了朝廷对高利贷的约束力。汉代的市场高利贷率一般高于法定利率，生活借贷利率一般高于生产借贷利率。在个别场合，利率特别高。

清代的印子钱也是年利本息相当或利大于本的高利贷。放债人以高利发放贷款，本息到期一起计算，借款人必须分次归还。据《清史稿》中记载："民间贷钱征息，子母相权，谓之'印子钱'。"

当贷出原本时，即扣除本利，然后按日索取每日应还的本利，到期取完。因每次归还都要在折子上盖一印记，所以人们就把它叫作"印子钱"。

随着社会经济的发展，高利贷资金供应增加，为供求关系所决定，市场通行的"常利"趋向降低。这可从利率的降低反映出来。

由于朝廷出台高利贷利率的法律，更由于社会经济的发展和市场的作用，高利贷利率不但在降低，还呈现利率平均化趋向。

■ 清代纸币

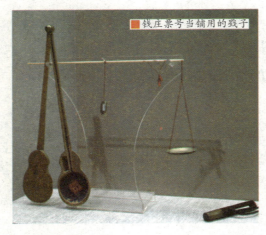
钱庄票号当铺用的戥子

我国古代的高利贷具有一定的意义。

首先，由于小生产者为了归还高利贷，就不得不把劳动的产品拿到市场上去卖，这就在一定程度上提高了劳动产品的交换比率，促使了自给自足的自然经济的解体和商品货币关系的发展。

其次，高利贷信用在生产方式向资本主义过渡中具有一定的积极作用。由于放高利贷者手中集中了大量的资本，这些资本有可能投入到资本主义生产方式中去。同时，因为需要归还高利贷，一些小生产者靠出卖自己的劳动力来维持生活，这就为资本主义提供了工人。

总之，高利贷是适应封建制生产方式的条件和需要而形成的。特别是农村高利贷是以维持小农的再生产而为封建制生产方式服务的。

阅读链接

一个智者来到集市，遇见一高利贷者在叫喊："放金币喽！我的金币只要埋在地里一天一夜，就会变成1000金币。"

"我借一个金币！"智者决心惩罚这个愚弄百姓的家伙。

"那你每天得还我1000个金币。"

智者说："我将连续借15天，第一天借一个金币，以后每天都是前一天的两倍。"

高利贷者一算计，立即眉开眼笑，一口答应。

不到15天，高利贷者破产了。

原来，智者15天借的金币一共是3.2767万个，应该还的金币1.5万个。这样，高利贷者赔了1.7767万个金币。

当铺作为一种融资方式，具有其他行业许多不具备的特性，形成了独特的运作程序和管理模式。当铺一方面缓解了人民群众的生活危机；另一方面还促进了货币流通和工农业发展，增加了朝廷的财政收入。

我国典当业经历了几个重要的历史时期：南北朝是我国当铺最早产生之时；唐代当铺行业为官民齐办；两宋时期出现了大发展，各种典当制度日趋健全；明清时期形成发展高峰，并出现了独占鳌头徽商。当铺业在新的历史机遇下，有了继承和发展。

放债机构

当铺质库

当铺的特色经营

当铺行业由于具有代代继承、沿革的特点，后人从我国古代当铺经营习惯中，尤其是明清时期的当铺经营中，总结出一些古代当铺行业独具特色的经营方式及细节特点。

总的来说，古代当铺行业在特色经营方面，主要包括当铺的行话与暗记、人员管理，乃至招牌、设施、店规等内容。而其中的诸多细节，就体现在经营管理的方方面面。

■古代当铺内景

作为一个年代久远的融资行业，当铺在收当时常用一些行话和隐语，一是为内部管理条理，避免业务中出现不必要的纠纷；二是为便于当铺员工相互配合，必要时杀价取利。从下面几个方面的介绍中，可以窥见端倪。

■ 当铺门首

典当业的行话就相当于江湖中的"切口"，如数字中的1至10，他们一般说成"么、按、搜、臊、路、料、俏、笨、缴、勺"，"不多"说成"报端"，"没有"说成"妙以"等。

当铺称袍子为"挡风"，裤子称"又开"，狐皮称"大毛"，长衫称"幌子"，桌子称"四平"，手镯称"金刚箍"，银子称"软货龙"，金子称"硬货龙"，古画称"彩牌子"，宝石称"云根"等。

当铺将平时常用1至10写成"喜、道、廷、非、罗、抓、现、盛、玩、摇"。还有当铺将1至9数写成"口、仁、二、比、才、回、寸、本、巾"。

广西黄姚古镇古记当铺牌匾

另外，有的当铺还用术语，代替数字的隐语。如"道子"是1，"眼镜"是2，"炉腿"是3，"叉子"是4，"拳头"是10。

当铺在写当票时，多用草书、减笔或变化字。其功能一是写时迅速，一挥而就；二是行外人难以辨认、模仿、篡改、伪造；三是防止不法当商来欺骗当户。

此外，还有一种压低当价的惯用手段，用术语代替数字，如旦根为1，抽工为2，末王为3，不回为4，缺丑为5，短大为6，毛根为7，入开为8，未丸为9，先千为十。

总之，比较值钱的东西，是尽量不让当户走开的，如果当户坚持高价，不能达成协议时，知道当户会往别家去当，照例把所当物品给当户时，就运用一定手段，使第二家打开一看，就知道已去过一家。

一般的办法是：如果是衣物，把衣服上身在折叠时，把袖子反叠，袖口朝下，裤子折3折；金货用试金石轻磨一下；表类将表盖微启一点，第二家一看就心里有数了，所给当价与第一家上下相差不多。

作为一个经济实体，当铺的日常运营自然离不开人，经过多年的发展演变，当铺行业形成了一套比较成熟的人员管理制度。这项制度具体包括人员的使用、称谓、待遇、培训等方面。

当铺在人员使用方面要求非常严格，既要遵循可靠性原则，又要注重员工的基本素质，特别是对高级管理人员的择取更是如此。一般说来，当铺在选人、用人一是忠实可靠；二是重用近亲宗室；三是大量使用家人奴仆；四是东家的部下亲信。

在当铺工作的人员待遇分为物质待遇和福利待遇。物质待遇因时、因职位的不同而表现出了很大的不同。早期以钱物兼充，后来开始发放货币工资。福利待遇有年假、职工身故抚恤金等。

当铺员工培训包括多方面。在培训方式上，和其他行业类似，古代当铺通常是采取师傅带徒弟的传统做法。在培训内容上，当铺主要重视的是物品、货币的鉴别和账目、当字的熟练等。

当铺的招牌也叫"幌子"，其主要分为文字幌子，标志幌子和象形幌子。文字幌子是将直接表现当铺行业经营内容的当、质、押之类的单字，用醒目的大字书写在墙上，招徕当客。标志幌子也就是招牌，特制两串巨大的钱串，悬挂在门前两侧，作为标记。象形幌子是在当铺前竖一大牌子，上书"某某当铺"。有的当铺在门前立旗杆、设坊。旗杆或坊上挂有木制大钱，上悬红布飘带。

当铺的设施可以看作是当铺行业的设施。旧时当铺的大门内，常常要陈列一个足以遮掩成人的大屏风。在对外的营业室内，迎门设置

当铺伙计铜像

■兴隆当铺旧址

《户律》 清代律法之一。分为《户役》、《田宅》、《婚姻》、《仓库》、《课程》、《钱债》、《市廛》。是人口、户籍、宗族、田土、赋役、婚姻、钞法、库藏、盐法、茶法、矿税、外贸、借贷、市场等有关社会经济、人身关系及婚姻民事内容的立法。

柜台，柜台内要设置踏板，踏板有的高近半米，有的甚至更高。

柜台后面有门，门外有一个照壁，照壁一边近墙角摆放款桌，账桌后面是宽大的座椅，这就是账房先生记账、开当票、签小号、穿号、算账等的办公桌。

当铺有自己的规矩。比如：不准携带家眷，不准嫖妓宿娼，不准吸食鸦片，不准参与赌博，不准假公济私，不准承保他人，不准浮挪暂借，不准结交邪恶，不准私分"落架"，不准留宿朋友亲戚等。

当物的保管，不仅有相关的法律规定，当铺自身也形成了一套对当物进行保管的方法。

分类存放是当物管理的主要方法，也被看作是当铺最基本的保管方法，其具体要求是各种当品入库前，都要进行分类，然后再分类存放。例如首饰等珍品一般是要存入首饰房，其他存入仓库普通房。

和首饰房相对应的是普通房，在普通房内，物品的摆放比首饰房内还要繁琐。一般来说，入普通房的物品全部要上架，因其品种繁杂、质地不一，往往成为当铺保管工作中的重点业务。对此，我国各地当铺一般采取箱、包、卷等处理方法待之。

为了保险，另外还挂有查对期限的木牌，称为"望牌"或"月牌"，按月推动，将到期的移到第一、第二架，一看便知押了多少时期，逾期没有。一旦逾期，抵押品便从存架上取下放另一处，这叫"落架"，落架之后，抵押品就成了死当。

在双方达成协议后，当铺"头柜"高声吆喝当品类别、颜色、当价等，同时，另一边已经写好当票，编号登记了。这时，当铺的学徒将当款放在桌子上，头柜将当品交到后面去保管，然后将当票和当款交给当主就可以了。

当铺平日里还要对当物进行日常护理，以免当物损坏。如定期检查整理、盘点清存等。一些当物因为各种原因遭到损坏或丢失时，当铺都应该进行赔偿。

有关赔偿责任的明确立法，可以在我国清代的《户律》中看到。它明确规定当铺因抵押品毁损必须负赔偿责任的规定。各地当铺行业还有一些具体的关于当铺赔偿责任的规定。

阅读链接

由于社会的发展和进步，当铺员工的福利待遇明显提高。尤其是到了20世纪20年代，当铺员工的福利有所提高。

例如在商业非常发达的上海，当时上海当业工会曾规定：职工假期每年应给3个月，在假期内，一切收入不得扣除。职工身故，应酌给抚恤金，10年以下者200元，20年以下者400元，20年以上者，一概500元。

从上海关于员工福利的规定中，我们可以看出，当时当铺员工不仅有法定假日，而且在生活方面也有改善。

当铺的历史作用

作为一个古老的融资行业，当铺在历史上产生了一定的积极作用。当铺解决了很多人短暂的经济拮据问题，缓解了下层人民的生活危机。同时，那些的贵族、士绅也通过当铺，缓解了对资金的临时短缺情况。

当铺在一定程度上方便了人们的生活，缓解了社会矛盾，推动了货币流通，促进了工农业的发展，增加了朝廷的财政收入，调节了宏观经济。对社会的政治和经济生活具有积极的影响。

七宝当铺旧址

当铺的出现，缓解了我国封建社会普通人的生活危机，极大地便利了人们的生活。

在经济不发达的古代社会，农民、手工业者、贫寒官僚、破落贵族、中下层知识分子等，每年在青黄不接的季节，或者是出现自然灾害的时期，其消费及纳赋税等就经常要依赖典当。这样，甚至导致了在荒灾之年，当铺行业反而繁荣起来的现象。

正是由于当铺经营活动的开展，缓解了民众的生活危机，从而缓和了社会矛盾，达到了安抚民生、稳定社会的作用。

■ 古代当铺挂牌

当铺也能促进货币的流通。当铺的经营运作，是在原有货币流通渠道之外形成的一个新的货币流通渠道，从而实现货币投放和货币回笼。

比如在笃信佛教的年代，对寺院施舍大量钱财，这就是一个货币回笼的过程。寺院将这些吃穿不尽的巨额财富用于开办当铺，把货币借给社会不同类型的当户。

对于寺院来说，一方面可以起到宣传其慈善的作用；另一方面，也可以获取高额的利息。

对于社会上的各阶级阶层来说，一方面满足了上层统治阶级税收以及安抚人心、稳定统治的需要；另

货币投放 货币投放是货币回笼的对称。国民经济各部门向银行提取现金的过程及其结果。货币投放是国家银行调节市场货币流通的一种手段。它也是国家银行根据政府的政策、市场对货币流通量的需要，并且通过业务活动，向部门、单位、个人支付的现金数量。

■ 古代当铺招牌

质库 我国古代进行押物放款收息的商铺。也称质舍、解库、解典铺、解典库等。即后来典当的前身。在南朝时僧寺经营的质库已见于文献记载。唐宋以后，质库兴盛。明代质库多为徽商经营，放款时期限很短，利息高，任意压低质物的价格，经常导致许多人家破产。

一方面也帮助了城乡下层人民和小工商业者解决生活困难和融通资金，这就是一个货币流向社会的过程。

此后等到回赎期临近，当户又以回赎的方式将货币返还给质库，这一过程又实现了货币的回笼。在没有今天的银行机构实现货币流通的封建社会，正是当铺的经营、运作这样两个过程，代替银行机构的职能形成货币流通渠道。

当铺本身就是具有商业性的金融组织，在其典当业务的开展中也参与了商品交换，所以当铺行业的兴旺发达本身就是商业发展的一种必然结果。从当铺的功能来讲，它又起到了融通资金，促进农业、工商业经济发展的作用。

我国是一个农业大国，自古以来，大部分人口从事的是农业活动，大部分国民收入都来自农业。

在宋代，虽然商品经济发展很快，但是也没有改变以农业为主的状况。农民生活在社会的底层，一般都比较贫苦，在农耕季节，为购置耕牛、种子、农具，雇请人力进行再生产时，许多农民就要依赖典当来取得投资费用。

在收获的环节上，当铺典当活动的开展对农业的支撑作用也是十分显著的。

起源于宋朝的谷典就是一个很好的例子。在粮食获得丰收的季节，由于需求有限，粮食的市价也会一降再降，变得十分低廉，这些粮食又不易长期保存，农民受到了极大的损害；另一方面，由于资金有限，粮食商人也不能收购更多的粮食，因此粮食商业也受到了极大的限制。

谷典的出现，解决了双方的难题，粮食商人可以将手中收购来的粮食抵押给当铺，从而取得资金再去收购农民手中的粮食。这样，农

古代当铺

晋源当铺

民的粮食卖出去了，粮食商人也获得了利润。

同时，当铺既可以在粮食商人回赎粮食时赚取利息，又可以在粮食商人逾期不回赎或典卖粮食之后再转手将粮食卖出，从而赚取中间的差价，这样，就是一举三得。

除了农业，在宋代兴起的工商业与当铺也有着极为紧密的联系。

这是因为，一些工商行业需要依赖借贷来比较稳定地开始或继续他们的经营，这样，商业资本的流动周期就缩短了，可以给商人带来更多的利润，从而促进了商业的再投资，以此循环，商业机构和组织也就越来越多，从而促进了商业的发展。

典当行的商业性首先表现为，它在产生初期主要担负着筹措资金的任务。自南北朝以来出现的质库，虽然是人类最早的信用中介，但受封建商品经济发展水平的制约，实际上还是尚未独立的完全依附于寺院的一个经济部门，或者说，是寺院经济多种经营方式中的一种。

典当行的商业性还表现为，它在一定条件下直接从事市场活动。随着封建社会商品经济的发展，典当行的财力日趋加强。特别是在其成为独立的金融机构之后，典当行便开始兼营商业或其他副业，从而于借贷生息之外，另开辟一条增值其自身资本的新途径。

在封建社会里，朝廷为了增加财政收入，征税对象遍及各行各业，当铺这个获利颇为丰厚的机构，自然也成为朝廷补充财政的对象。

比如在宋元时期，朝廷增加财政收入采用的方式是开办官办当铺。在北宋时，官府特别设立了一项费用，叫作"公使钱"，其中有很大一部分就是用来开设当铺的。皇帝还诏令各府界诸县在交通枢纽和商贩聚集的地方置当铺。在当时，官办的当铺遍布各地城乡集镇。

与宋代同时期的金朝也有类似的做法：据《金史·百官志》记载，金朝廷在中都南京、东平、真定等处设置典库。以流泉为名，各设"使副"一员，又在京府节度州添设"流泉务"28所。

在元代，元世祖忽必烈曾设立公典，称"广惠库"，又名"宝钞广惠库"，掌储存钱钞，放贷收息。这说明在元代，朝廷还是在继续支持官办当铺的发展，因而官办当铺也十分发达。

宋元以后，当铺继续成为增加朝廷财政收入的工具，途

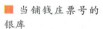
■ 当铺钱庄票号的银库

印花税 是对经济活动和经济交往中树立、领受具有法律效力的凭证的行为所征收的一种税。因采用在应税凭证上粘贴印花税票作为完税的标志而得名。印花税的名称来自于我国。1889年，总理海军事务大臣奕劻奏请清朝廷开办用某种图案表示完税的税收制度。

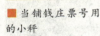
■ 当铺钱庄票号用的小秤

径则是征收税赋。比如清代在入关执政后，朝廷迅即开征当铺税，获得了一笔固定的财政收入。1664年提出税收标准，当铺每年纳银5两，以当时的当铺数目计算，每年就能征到11万两有余。

清朝廷又规定，民间开设当铺，均要办理营业执照，并缴纳"帖捐"，相当于后来印花税，同时照例按年缴纳当税。

乾隆时期，全国当铺多达1.8万多家，每年的财政税收更是可想而知。

以上事例和数据表明，在封建社会，各朝各代通过采取不同的手段，在当铺这个金融机构中取得了巨大的经济收益，有力地补充了朝廷的财政收入。

古代的当铺也具有对经济的宏观调控作用，因此，朝廷有时还把它作为推行某种经济政策的工具加以利用。

唐宋时期，货币的供求关系十分紧张。

一方面，由于商品经济日益发展，需要用到货

币的领域越来越多，货币流通量亟待增加。另一方面，由于金、银、铜等铸造钱币的贵重金属数量有限，民间又流行藏钱和将钱改制成其他器物的风气。因此，流通中的货币数额远远不能满足需要。

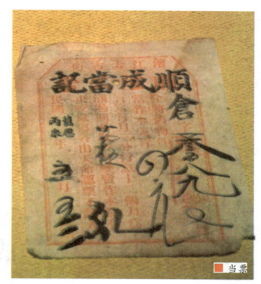

■ 当票

每当这种情况出现，当铺便能作出巨大的贡献。因为在朝廷的要求下，当铺就会在借贷中使用小额货币，当小额货币源源不断地流入到社会之中后，货币匮乏的现象就能得到缓解了。

清乾隆时期，基于钱币缺乏的局面，朝廷曾拨出一批银两，给当时北京城内外的六七百家大小当铺充作资金，从而吸收民间手持铜钱。这样，通过利用当铺所具有的对钱币的操纵能力，就能稳定因货币不足而造成的各种不稳定因素。

阅读链接

唐代的太平公主是作为一个政治人物活跃在历史舞台上的。她一生参与了3次大的政治斗争，并且卷入的程度一次比一次深，起的作用也一次比一次大。

此外，太平公主还热衷于经商之利。她利用雄厚资本，在家中开设质库。其规模、实力都远非一般当铺所能够相比。

唐代国力强盛，工商业发展加快，货币需求迅速扩大，这些都使典当的存在和兴旺具备了坚实的基础。太平公主以堂堂公主之尊，开当铺这是古代官僚资本最早向金融业转移的典型例子。

当铺业萌芽与形成

　　我国古代"质"、"当"、"质当"等词语，均含有人质的意思。在最初的时候，"质"更多的是用在政治领域，如把与自己有重要关系的人留给他人做人质，作为一个重大承诺增加信用。后来发展至与典当有关。

古代当铺旧址

　　在古代，由于作为充当社会商品生产和交换的一般等价物货币已经有了长足的发展，使得人们对货币需求越来越大，于是，在南北朝时期形成了"当铺"这一行业。

当铺在南北朝时期叫质库、质肆、质舍，在宋代叫质库、解库、长生库、典库、典铺、印子库，元代叫解典库、解典铺，明清时期叫当铺、典当、质典。

当铺是收取动产和不动产作为抵押，向对方放债的金融机构。从千百年来我国当铺名称演变沿革的基本轮廓可以看出，虽然当铺的名称发生了许多变化，但是这个行业的经营性质从古至今并没有大的变化，所以可以统称为"当铺"，属于典当行业。

■ 绍兴鲁镇利济当铺旧址

在我国，当铺的经营历史十分古老。从两汉时期开始，由于私人以物为质行为已相当普遍，"以物质钱"的典当行为便正式萌芽。

范晔所著《后汉书·刘虞传》记载：东汉末年，甘陵相刘虞奉命攻打幽州，与部将公孙瓒发生矛盾。刘虞打算把受赏之财质押给外族，却被公孙劫掠。

这是历史上最早把典当作为一种社会经济活动加以记载。它表明我国典当行为最迟在汉朝就已出现，距今有1800多年，当时就有了典当萌芽。

个人的典当行为出现于西汉景帝时期，当时著名的文学家司马相如偕妻子卓文君流落到四川成都，因

范晔（398年～445年），南朝宋史学家，《后汉书》作者。原计划写成10志，但未完成。今本《后汉书》中的8志30卷，是南朝梁刘昭从司马彪的《续汉书》中抽出来补进去的。其中《杨震暮夜却金》和《强项令》已编入小学和中学教材。

尧坝古镇老当铺

为两个人生活上很贫穷，司马相如就把自己贵重的皮衣送到当铺典当了，换了钱用于过日子。

两晋时期，典当又得到进一步发展。

《晋书·桓冲传》中记载了这样一个故事：东晋军事将领桓冲的父亲去世了，他的兄弟年少，家里又穷。恰巧在这个时候母亲又生病了，需要吃羊肉治病，没有办法，只好将桓冲押给人家以换取买羊治病的钱。

通过这个故事我们可以看出，在那个时代，人也是可以用来抵押的。

正式的典当出现在南北朝期间。据说有一个叫孙彬的人到寺庙当东西换钱，结果在赎回后发现，当初抵押的东西中多出了5两黄金，于是他送还了寺庙。

由此证明，我国的当铺业最早就是在南齐的寺院中产生的。

在当时，由于皇室和平民都笃信佛教，大量的财富流向寺院。在这种情况下，寺院把多余的钱财用于典当资本，供人典质物品，代替布施。

这种典押物品的方式，不仅方便了人民融资的需要，也使寺庙获得了不菲的收益。据史料记载，寺院从事典当业务后，寺庙的钱财通常是有增无减。

典当的好处刺激了寺庙从事典当的兴趣，于是，

桓冲（328年~384年），字幼子，小字买德郎，谯国龙亢，今安徽还远人，东晋军事将领。历任车骑将军，荆州刺史，江州刺史，并在淝水之战立有大功，追赠太尉，谥曰宣穆。后桓玄称帝，追赠太傅、宣城王。

在南北朝时期，当铺作为一种业态在寺庙中诞生了。

典当在南北朝时期的产生，是有着深刻的社会历史背景的。

首先，日益迫切的社会需求。由于历史进入了"五胡"入主中原的战乱时期，民族矛盾和阶级矛盾交织在一起，社会矛盾十分尖锐。再加上我国古代社会生产力低下，在两极分化十分严重的情况下，无数平民百姓胼手胝足，本来就难以维持温饱生活，倘遇到水、旱、震、蝗等灾害，更是雪上加霜。

不仅播种季节无钱购买种子、农具，而且连日常生活也都求借无门，社会生产力面临着日益衰败的严峻局面。因此，社会对资金的融通需求十分迫切。

其次，佛教的传入刺激了当铺行业的发展。佛教自东汉哀帝时期传入我国，并在洛阳建立第一个我国佛教寺院白马寺以后，至南北朝时，由于人们面对

■ 古代货币金币

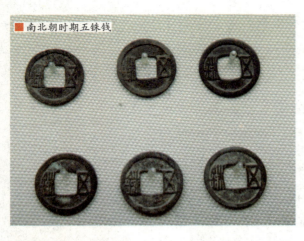
南北朝时期五铢钱

战乱频发仍造成的生离死别产生了强烈的避世求来生的愿望，再加上南北朝时期人们对佛教的炽热崇尚，两者不谋而合，迅速地推动了我国的佛教化。

由于南北朝的帝王不时有舍身事佛，不仅使佛寺的地位不断提高，而且也使佛寺的财富日益积聚。寺院经济空前发达，获得了大量财富。

正因为南北朝时期的佛寺具备了日益雄厚的经济基础，由佛寺为主开设带有慈善性质的典当业"质库"就成为历史的可能。

寺院香火鼎盛，财力日增，遂以一部分余资向平民发放钱款，既有慈善济贫之誉，又可坐收息利，客观上为典当业发展作出了历史性贡献。

阅读链接

《南齐书》记载了一个寺庙经营当铺生意的故事：

482年，南齐录尚书事褚渊去世，他的弟弟褚澄把典当在招提寺中的褚渊的一件白貂坐褥、一支介帻犀角和一头黄牛赎回。赎回物品后，褚澄把太祖高皇帝赐给褚渊的白貂坐褥割开，做成了裘及缨，但这件事后来被人告发了，因为这种行为冒犯了皇帝的威严，结果他在次年被免职。

从这个故事可以看出，我国在南北朝时期，就已经有寺院在从事当铺经营活动了。

唐代当铺官民齐办

当铺自南北朝产生以后，曾一度局限于寺院经办。然而从唐代起，在中央集权相对稳定的政治条件下，工商业的发展及市场的繁荣，大大刺激了当铺这一产业的发展。此时的当铺出现了官办与民办等形式，当铺的法律制度也逐渐形成。

在唐代，当铺已经不再由寺院独家垄断经营，而形成了官办、民办、僧办几类。按当铺东主的身份地位和资金来源划分，当铺开始出现多种类型。

■ 开元通宝 钱币

■ 古代当铺旧址

柜坊 唐代专营钱币存放与借贷的机构称为柜坊，又有僦柜、寄附铺、质库、质舍等名称。是在城市中替别人保管银钱的商户。柜坊则不仅不付息，存放者还要向柜坊缴纳租金。但柜坊的存在使得原来长安的生意人不必携带大量的铜钱，方便了远方客商的贸易活动。

唐代当铺行业的兴旺与当时的经济发展形势有关。唐代国力强盛，工商业发展加快，货币需求迅速扩大，这些都为民营当铺行业的兴起创造了有利条件。当时唐时商业多至200多种，但是，最大的商业是柜坊，柜坊其本质就是当铺。

高额的利润不仅吸引富商豪贾的投资，朝中的权臣大吏也私下经营当铺，就连朝廷也用公款办当铺，以增加财政收入。

唐代的寺院当铺仍很兴旺，除此之外，还出现了民办和官办性质的当铺。其中的民办即由地主商人涉足，而官办又有官僚自营和朝廷投资两种。民办和官办的出现，打破了南北朝时期寺院独家垄断经营当铺的局面。

唐代的民办当铺一般规模较小，当时的当物大多是衣服、织物等物品，当本最低的只有20文，一般物品的当本也只有50文至100文。据史料显示，当时长安的一斗米都要卖三四千文钱。

由此可见，当时民营当铺放当的钱财金额很小；另外一方面也说明去当铺的一般都是家境贫寒的穷人。

和民办当铺相比，由皇亲国戚、高官显宦所置办的官办当铺，其规模及其获利，都是民办和僧办的当铺所难以望其项背的。

在这个时期，由于当铺经营的范围广和其独特的融通资金的作用，所以上至皇家贵族、士大夫，下至平民百姓，都不可避免地要与当铺行业打交道。

当时的大诗人杜甫就在诗中描写自己生活的困窘，常常以典当度日，说道：

朝回日日典春衣，每日江头尽醉归。

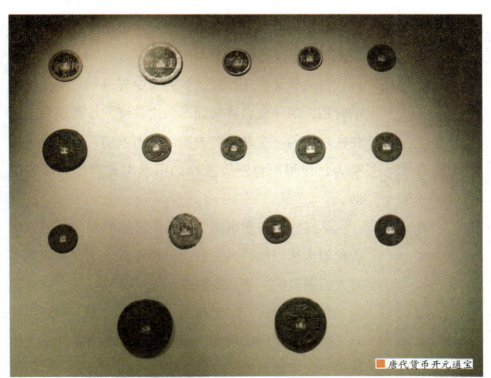

唐代货币开元通宝

■ 唐代当铺模拟建筑

当时唐肃宗收复长安，杜甫在朝廷当官，但是俸
禄微薄，也常常陷入要典当衣物才能买酒喝的窘境。

大诗人白居易在《自咏老身示诸家属》的诗中写
道："走笔还诗债，抽衣当药钱"。

白居易又在《杜陵叟》的诗中写道："典桑卖地
纳官租，明年衣食将何如？"这首诗，作者描写了居
住在杜陵的一个老人要去当铺典当衣物，以换钱买药
和为付地租而将赖以生存的田地卖光当尽的凄苦生
活。

从这些诗句和事例中，人们能够看到，在以繁华
著称的大唐时期，当铺行业已经非常发达，并成为当
时人们融资的一条重要渠道。

在封建时代，对于典当这种民事行为，我国历代
几乎都没有专门法规加以调整，而只是由散见于其他
法规中的零星条款予以提及。

在唐代之前，虽然各朝君主为了富国强兵，减轻百姓高息借贷的负担，发出过一些希望能够抑制高利贷的命令，但从本质上而言，当铺行业并不能完全等同于高利贷，所以那些命令对当铺影响和规范作用并不大。

事实上，真正接近现代意义的典当，并将当铺行业作为一个正规行业记载在正规的、成文的文件中都是始于唐代。因此，后人能够考证到的关于当铺的管理法律制度也是始于唐代。

唐太宗贞观年间，宰相房玄龄根据唐太宗的旨意，在编写唐代的法律《唐律疏义》时，第一次以国家法令的形式明确规定了利息的幅度：

凡质举之例，收予不得逾5分，出息过其倍；若回利充本，官不理。

房玄龄（579年~648年），别名房乔，字玄龄。生于隋唐时期的齐州临淄，即山东省淄博市。唐初良相和谋臣。谥号"文昭"。他主持监修国史，制订唐朝律令，倡导儒学，综理朝政，是大唐"贞观之治"的主要缔造者之一。后世把房玄龄当作良相的典范。

■唐代当铺门脸

这段话的意思是说：典当业的存息不得超过5%，也不得放息超过10%，朝廷也不允许利滚利。

另外，朝廷还多次颁发诏书，禁止大臣以朝廷的名义从事典当业与民争利的行为，否则将追究大臣们的责任。

例如当时一份诏书中就说道："如闻朝列衣冠，或代承华胄，或职在清途，私置质库、楼店与人争利，今日以后，并禁断。仍委御史台，察历奏闻。"

这段话的主要意思是：禁止皇家贵族和朝廷大臣私自开设当铺，与人争利。为了查访这种违法行为，朝廷还专门委任御史台进行调查举报。

唐玄宗在728年下诏，明确对放款月利率作出了规定："比来公私举放，取利颇深，有损贫下，事需厘革，自今以后，天下负举，只宜4分收利，官本5分收利。"

这段话的大意是说：之前由于朝廷和民间对于典当业都有经营，利润也非常丰厚，这样一来就损害了贫苦老百姓的利益，以后对这样的情况要加以避免。从今以后，民间的典当业获利不得超过4%，朝廷从事典当业利润不得超过5%。

唐王朝的这一系列有关

古代当铺旧址

唐玄宗 （685年～762年），李隆基，唐睿宗李旦第三子，母亲窦德妃。唐玄宗也称唐明皇，谥号"至道大圣大明孝皇帝"，庙号玄宗。在位期间，开创了唐朝乃至我国历史上的最为鼎盛的时期，史称"开元盛世"。

当铺法律政令的颁布，进一步限制了高息放贷的暴利行为。

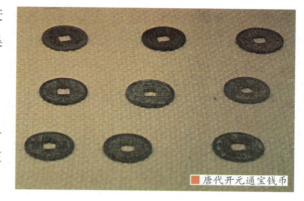
■ 唐代开元通宝钱币

在"安史之乱"后，为了解决朝廷财政收入入不敷出的问题，唐德宗在782年下令，由朝廷出面，向所有在京师长安开业的当铺"借钱"。

当时，唐德宗还规定，向每户典当机构收取它们资本金的25％。其实这就是对当铺行业进行的变相收税。这次税收政策的施行，朝廷一共取得财政收入100多万缗钱。

由此可见，在唐代，仅在长安地区，当铺行业的资本金就应该在400多万缗钱以上，这大概占当时朝廷全年财政收入的30％以上。唐代当铺行业已经成为最大的商业行业。

阅读链接

唐初名将程知节，即人们常说的程咬金。他个性鲜明，以"三板斧"的形象在民间广为流传。程知节在成名之前就曾多次典当。

当时正值隋朝末年，以卖盐为生的程知节，不堪官府压榨，在盐场大骂朝廷，打死了盐巡，被捕入狱。后来，恰逢大赦天下，程知节被释放出狱。程知节归途中，典当囚衣买点心来孝敬老母，从此以卖耙为生。

在以后的卖耙生涯中，程知节也多次经历生活困难，必须靠典当维持生计，直至后来参与起义，才告别了典当生活。

两宋当铺业复兴

    我国古代的当铺行业经过了唐代和五代十国的发展，积累了大量的资本和丰富的经验，于是，在两宋时期，当铺行业复兴，进入了大发展时期。

    两宋当铺业分为僧办、官办和民办，呈现出势均力敌的局面，经营的方式和范围更为多样化。在抵押物的种类上，物品的范围也有所扩展。两宋当铺业的发展，标志着我国古代的当铺行业走向成熟。

■ 两宋时期的当铺

当铺经营在两宋时期成为一种正式行业，这一点在《宋会要辑稿》中就可以表现出来，其中的"刑法"条款就有对这个行业的规定，并称这个行业为"典当质库"业。这说明，此时我国已经开始用"典当"两字作为当铺经营这个行业的称呼了。

■ 都市开封生活万象（清明上河图）

两宋时民间对当铺的称呼也能体现当铺的特点。当时的北方人将以物"质"钱的行为叫作"解库"，而江南人则叫"质库"，对于寺院开办的当铺叫作"长生库"、"普惠库"。

在这个时期不仅出现了专门的正式行业称呼，而且还出现了历史上最早的行业招幌，即广告。在北宋画家张择端的《清明上河图》中，赵太丞家对面的巷中有一家当铺，当铺的门口挂出一个大大的"解"字招牌，这就是当铺的标志和广告。

能够证明当铺成为一个独立行业的，还有当铺"行业制服"的出现。宋代孟元老在《东京梦华录》中说："杭城风俗，且如士农工商、诸行百户，衣巾装束，皆有等差。质库掌事，裹巾着皂衫角带。"

这段话是说：依照风俗，当时的士农工商，百行百业，行业制服都是有特色和差异的，当铺掌事的装束应该是穿皂衫、角带，并以布条束住头发的。

《宋会要辑稿》 清代徐松根据《永乐大典》中收录的宋代官修《宋会要》加以辑录而成，全书366卷，分为帝系、后妃、乐、礼、舆服、仪制、瑞异、运历、崇儒、职官、选举、食货、刑法、兵、方域、蕃夷、道释等17门。内容丰富，是研究宋朝法律典制的重要资料。

宋元通宝

如果说孟元老的记载只是当时的风俗习惯而已，那么，在宋高宗赵构时期，朝廷的敕令更有说服力和法律效力。

当时，朝廷为了融通资金，救济流亡，稳定社会，偏安江南，采取特殊措施鼓励典当业发展。

当时朝廷规定：凡是开设当铺的人，可以授予"朝奉郎"的官衔，跻身仕途，并且可以穿着皂衫、角带、不顶帽的装束，还免除他们的赋税徭役。这种优厚的待遇，不仅说明当时的朝廷支持当铺的开设和发展，也说明代朝廷认可了这一行业的行业制服。

当铺行业出现僧办、官办和民办的形式很早。这三种形式在宋代得到了大的发展，终于形成了三足鼎立的局势。

首先来看僧办当铺。这一时期的僧办当铺可以用"复兴"两字来形容。自南北朝以来，历朝历代的封建君主和百姓几乎都笃信佛教，寺院经过了这百年的蓬勃发展，在财富的积累上可谓是登峰造极。

寺院当铺在资金的来源上，有民间资本借贷给寺院，支持寺院当铺行业的再度兴旺发达。

据《夷坚志》记载，建昌的官员范荀，为了娶妻，借贷1万钱给资圣寺的长老用来作为开设当铺的资本，以赚取利息。由此可见，在宋代官办和民办当铺已经颇为发达的情况下，寺院的当铺营活动也复兴起来，并十分活跃，成为当铺行业的一个重要部分。

和僧办当铺一样，官办当铺也是两宋当铺行业的一个重要组成部分。

官府经营的当铺叫"抵当所"或"抵当库"。北宋时，官府还特设了一项费用，叫作"公使钱"，其中有很大一部分就是作为经营当铺的资本。

民办当铺也是两宋当铺行业中的一股主要力量，这一时期的民办当铺可以用"繁荣"两字来形容。据记载，宋代广南西路化州城，是一个很偏的地方，然而，在这里当铺就有10户之多。

宋代当铺行业的经营资本呈现出官办、民办和僧办三足鼎立之势，而且由于朝廷的鼓励和支持，这个时期官办当铺的发展非常迅速，一时形成官办当铺遍布各地城镇、市集的景象。

在宋代，能到当铺进行抵押的物品，除一般的金、银、珠、玉、钱、货外，有时甚至还包括奴婢、牛马等有生命的物品，而普通劳动人民则多以生活用品作为抵押。

除此之外，抵押

■ 宋代铜钱

大观通宝

物还出现了"谷典"，即用五谷抵押在当铺里换钱，以解燃眉之急，这样就可以达到资金融通的目的。在粮食收获之际，谷价相对低贱一些，商人将买回的粮食作为抵押物典当给当铺，然后再用所得的钱再去收购粮食。

而对于当铺而言，收取谷物收益也是十分丰厚的：一方面，能在反复赎当之中赚取利息；另一方面，又能在当期之内转手倒卖粮食，获得差价。

总之，对于交易的双方都有利可图，实在是双赢，所以"谷典"很受欢迎，后世的当铺也纷纷仿效，谷物在此后也成为重要的当品。

阅读链接

相传，南宋杰出的将领文天祥，年轻时家境贫穷，但为了读书，即使手头拮据到身无分文之时，也依然读书不辍。但是，后来实在没有办法，他就将自己祖传的一个金碗去当铺当了，这个金碗的所得便支撑着他继续求学苦读。

文天祥当完金碗后，曾给他的一位友人写过这样一封信，他在信中说："金碗在质库某处约之，甚恨未能自取之，乃劳先生厚费如此！"

也就是说，他后来托人把金碗赎了回来。由此可以看出，在宋代时当铺已经很多了。

元代当铺业繁荣

我国当铺业在经历了唐、宋两个重要的发展时期后，至元代，延续了唐宋以来官办、僧办和民办模式，当铺规模不断扩大，行业特色日趋鲜明，呈现出蓬勃兴旺之势。从而催生了典当行业，标志着我国典当业的成熟。

在元代，我国典当业不仅从外表上出现了繁荣的局面，而且在制度上日益走向成熟，出现了以往不曾有过的许多亮点。

■ 当铺招牌

兴隆典当

元代实现了国家的空前统一，为经济的进一步发展奠定了基础。重新疏浚了大运河，疏浚后的大运河从杭州直达大都。开辟了海运，海运从长江口的刘家港出发，经黄海、渤海抵达直沽即天津。

元朝朝廷还在各地遍设驿站，横跨欧亚的陆上丝绸之路也重新繁荣起来。这些都促使元代商业继续发展，自然带动了当铺业的繁荣。

元代的当铺，基本沿用前代名称，称为"解库"、"钱库"，并由此派生出"解典库"、"广惠库"、"周急库"等。

元代寺院的"质库"活动十分活跃。元代《白话碑集录》中就说道，当时的寺院当铺就有40余处。

在《元典章》中的《礼部·僧道教门清规》中也记载：当时各地的僧人，财富很多，于是建制私人房产，用来开设当铺。另外据记载，大护国仁王寺质贷出去的钱就多达26万余锭。

至元末时期，僧办当铺急剧减少，逐渐退出历史舞台，又因为经济的蓬勃发展，大批商人加入当铺行列，因此民办当铺十分兴旺，并逐渐成为经营当铺的主力军。

在民办当铺领域，元代的贵族、商人也大都热衷于经营当铺行业，皇帝还常常以当铺作为对寺院和王公大臣的赏赐。

这一时期，回鹘人在当铺的经营活动中表现得相当活跃。

窝阔台攻破金国后，一批西域商人到中原来做生意。这些人主要是回鹘人，他们的拿手好戏之一，常常是以当铺的形式放贷。他们管这叫"羊羔利"。意思是：借出的本金好比母羊，下了羊羔，羊羔又长成新的母羊，如此子孙不断。

窝阔台时期，不少大臣上书要求为民解困。窝阔台采纳了这些意见，下令凡是借了贷款的困难平民，都由官府代偿，利息只付到与本金相等为止。

在有关元代官办典当行的记载中，元世祖忽必烈曾以钞五千锭为资本设立公典，称"广惠库"，放贷收息。这说明在元代官办典当机构也十分发达，朝廷是在继续支持官办典当业的发展。

官办当铺的名字都起得相当不错，除了上面说的"广惠库"，还有叫"周急库"的，经营宗旨也比较纯正，收取利息很低，是专门照顾贫民的。

元朝朝廷针对当铺业的繁荣，出台了一些法律规范。这些法规总体上遵循因俗而治的原则。

在当时，各地的各当铺对解典期限规定不一，有时铺主会利用期限不明来谋取不正当利益。解典就是将物品送到当铺抵押换钱。

■ 元代银锭

中统钞 全称"中统元宝交钞"，是我国现存的最早由官方正式印刷发行的纸币实物。刻版印制时间为元代忽必烈时代，于1260年发行，一直行用至元代末期。这种纸币已与现代的钞票别无二致。"中统元宝交钞"在元代有极重要的历史文化地位。

元成宗时期，有一年，江西行省龙兴路发生了一起诉讼案件，原告熊瑞在1302年农历八月初三将珍珠1200多颗和6个玳瑁拿到一家叫"诚德号"的当铺，典当得中统钞125两。

1303年8月26日和9月27日，原告两次去回赎，"诚德铺"不肯回赎。被告铺主张义的理由是时限过了一周年，货物已经下架，不能回赎。

但按1296年2月中书省颁布的法律，下架期间为两周年。对此，审理此案的官员向同城"丰义库"的铺主张贵了解行业情况。"丰义库"的情况是：金银珍珠两周年；其余匹帛衣服诸物18个月下架。

通过与"丰义库"的情况参考后，审理官员提出原告熊瑞应有权回赎。此案上报到朝廷后同意此判。结果原告熊瑞胜诉。

中书省结合此案，并考察了京师相关典铺的回赎期间后，制订了新的法律。新法规定："据应典诸物，拟合照依金银一体两年下架，实为民便。"法条明确规定了金银类下架时间是两年。

■仿古建筑隆祥当铺

从上面案件的判决到法规的制订上可以看出，元朝朝廷在商业案件的处理和立法上往往是对各地商业习惯法的认可。

元朝朝廷规范

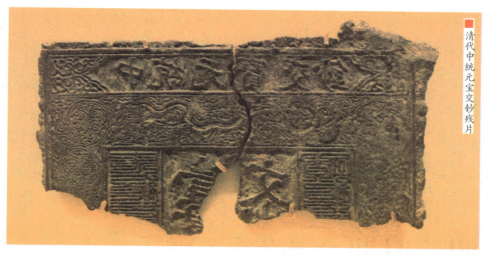

清代中统元宝交钞残片

当铺经营活动的法规，除了遵循因俗而治的原则外，也有一些具体的政策性规定。

根据《元史》记载，元世祖曾经下达敕令，规定民办当铺在处理逾期不赎的抵押物的情况下，加收的利息不得过高。

元代当铺业不仅出现了繁荣的大好局面，相应的法律法规也伴随而生，建立了比较完善的行业制度。由此证明，我国古代当铺业在元代已经很成熟了。

阅读链接

1261年，忽必烈赐给两个佛教寺院3300多公顷顷的土地，位于后来的大都附近。5年后，他捐赠了1.5万两银子，帮助一个佛寺举行了7天宗教仪式。

他划拨资金修建新寺庙，并且修缮在佛、道论战期间遭到破坏的寺院。由于朝廷的支持、补贴或豁免赋税，使佛寺成为繁荣的经济中心，它们往往经营自己的旅店、商店、轮渡以及当铺等。

由于忽必烈对佛寺所广施的各种各样的善行，使元代的寺院经济有了很大发展，当铺业也成为元代寺院的主要一项。

明清时期当铺发展高峰

明清时期，商人纷纷投资经营当铺，并且成为当铺行业的一支主要力量。因此，民办当铺中的商营当铺，在当时最为兴旺发达。此外，一些官僚政客也涉足典当业，从而促进了典当业的发展。

明清时期两代是我国典当业发展的高峰时期。

针对高度发展的当铺业，明清时期两代朝廷出台了一些相关的法律法规，使当铺行业在规范中得到充实和不断完善。

■ 当铺招牌

明代当铺在经营活动等方面，在承袭两宋当铺发展的基础上，经营活动又出现了新的变化，从而开启了我国古代当铺业大发展，并逐渐形成高峰期。

明代当铺行业，具有浓厚的地区专业色彩，开设当铺基本是安徽、山西、陕西、山东商人的专业。当时还出现了不少典当的新门类，按名称有"典"、"当"、"质"、"按"、"押"、"代当"、"代步"等。其中，典与当差别微小，但典当与质、押、代当的区别就非常大了。

■ 老当铺门脸

明代及以后这段时期，当铺大规模发展的另一个重要标志是官僚投资超过以往各朝。尽管明朝初年朝廷严禁权贵经营高利贷，但禁者自禁，违者照干。

比如，明代万历年间，巡抚湖广都察院右副都御史秦耀，大开典当，在无锡、苏州、常州各处开10余铺。明嘉靖帝在位期间，家居湖州的礼部尚书董份，富冠三吴，有当铺百余处，每年获利数百万。

这里我们看到，明代达官贵人的自营当铺，无论是数量之庞大，还是本息之丰厚，都令人咋舌。

明代针对当铺出台了一些相关的法律法规。比如对于典当利率，《明律》规定：凡私放钱债及典当财

《明律》即《大明律》，全称《大明律集解附例》，是我国明代法令条例，由开国皇帝朱元璋令刑部尚书刘唯谦修订完成，时间是1374年。这部大法是我国古代法律编纂的历史总结，为我国近现代的法制建设提供了一些宝贵的借鉴。

■ 古代当铺

物，每月取利不得过3分。违者视不同情节予以杖责40至100。

至清代，当铺业开始形成民当、官当、皇当三足鼎立的局面。

民当是谓地主、商人出资开设、经营的民办当铺。在当时，出现了许多比较有影响的民间当铺商人，如被后世称为"红顶商人"的胡雪岩。

清代官当与各朝大同小异，特别是官僚自营形式，情况类似明代，而且有过之而无不足。

清代京师当铺发达，主要原因是京城里朝廷高官多、富商多，而且还有许多得天独厚的机会。比如，北京定期举办全国性的科举考试，各地举子云集京师，他们所带银两不够，往往将随身携带的贵重物品送交当铺以换现银。在举子们集中的贡院附近，便出现了开设多家当铺的顶银胡同。

再如，许多来北京述职、觐见的封疆大吏，或者等待引见的候补官员，人数甚多。他们除在京消费外，临行之前，还需要到各处应酬打点。有时所带银钱不敷周转，免不了求助于当铺。

当时北京的当铺，有许多是高官自己开设的。1799年，被罢官抄家赐死的和珅，家产万贯。抄家时人们发现，和珅除了有巨额财富外，还以当朝宰辅、权贵、班首的地位投资于金融业，开有当铺75家，银

贡院 是指古代会试的考场，即开科取士的地方。贡，就是通过考试选拔人才贡献给皇帝或国家的意思。明清时期两代贡院位于今北京建国门内中国社会科学院一带，遗存有贡院东街、贡院西街、贡院头条、贡院二条、贡院三条等地名。

号42家，从而增值财富，扩大私囊。

清代著名文学家曹雪芹的祖父、康熙朝江宁织造曹寅死后，也曾遗存张家湾当铺一所，本银7000两。

近代直隶总督兼北洋大臣李鸿章也涉足当铺行业。梁启超说："或言南京、上海各地之当铺银号，多属其管业云。"

在李鸿章之后，接管直隶总督的袁世凯对当铺也非常热衷，他在河南陈州也开有典铺。从这些事例中可以看出，当时官僚开当铺在清代已形成风气。

与民当、官当不同，皇当具有鲜明特点。皇当指皇帝或皇室拥有和出资开设的当铺，乃清朝所独创，为历朝所仅见。清代皇当盛行于雍正、乾隆两期，它首先是皇室对清代"生息银两"制度的具体运用。

雍正帝是皇当的最初倡导者，他曾多次拨出专款派人开设当铺。同样爱财并善于理财的乾隆帝，与其父如出一辙，对皇当倍加热心。皇亲所得俸银的处置，是由皇室派员设立当铺为之营运，使之增值。

皇当是清朝统一安排朝廷财政的手段。一方面，皇当被用于皇族之间或君臣之间的财产分配。清代曾

李鸿章（1823年～1901年），字子黻、渐甫，号少荃、仪叟，晋封一等肃毅侯，谥"文忠"，安徽省合肥人。清朝末期重臣，洋务运动的主要领导人之一，淮军创始人和统帅。官至直隶总督兼北洋通商大臣，授文华殿大学士。李鸿章与曾国藩、左宗棠、张之洞，并称"晚清四大名臣"。

127

放债机构

当铺质库

■ 清代铜钱

顺治帝（1638年～1661年），爱新觉罗·福临。清代第三位皇帝，同时也是清朝入关后的第一位皇帝，年号顺治，谥号"体天隆运定统建极英睿钦文显武大德弘功至仁纯孝章皇帝"，庙号世祖。他初创了清王朝走向强盛的新局面，为"康乾盛世"打下了基础。

有规定，皇子皇孙等直系皇族，成年受封或分府单过后，都要按其爵位等级的高低，赐予一定数量的财产，如庄园、府第、现金、用物等；而皇当既可以成为这类财产的一项货币补充来源，又可以直接成为其中的一部分。

另一方面，皇当也被用于保证宫廷人员的某些特别开支。

此外，就连皇室婚丧大事、园陵工程及帝后日常生活等项开销，也多由朝廷财政划拨银两交由皇当放款取息。

清代由于民当、官当、皇当三者并存，并且空前发达，因而成为我国当时典当业最为繁荣兴旺的朝代。在这一典当业发展的黄金时期，相关的法律规范也得到了不断完善。

对典当行业进行正式征税，始于清朝初期顺治帝时期。1652年的税例规定：在外当铺每年征税银5两，其在京当铺并各铺，顺天府酌量铺面而往收。

康熙帝时期，户部规定：当铺每年征银5两，大

■ 清代当铺

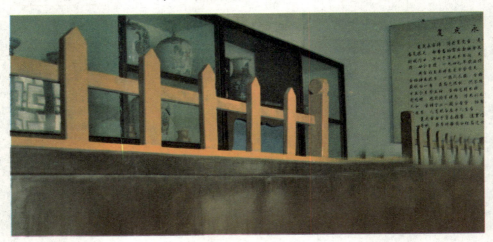

兴、宛平大行店铺同京
城行铺定例，上等每年
5两，其余征银2.5两。

从这些规定看出，
唯独京城典当行受到酌
征或减税的优惠待遇。

关于当物失窃、毁
损，清代也有详细法
规。《大清律例·户律》规定：当物被盗，损一赔一。无论衣服、米
豆、木器、书画，以及银钱珠玉铜铁铅锡各货，概照当本银一两，再
赔一两；如系被劫，一两再赔5钱，并扣除失事日以前应得利息。

总之，明清时期的当铺业增加了新门类，扩展了新业务，出现了
新的资本组织形式，当铺的内部管理也开始科学化。而相关的法律法
规，也使当铺行业更加规范，因而出现了我国当铺业发展的高峰。

阅读链接

据记载，明代山阴城里当铺里的"朝奉先生"，最势利，
也最懒惰。

一天，大将徐达经过某家当铺，见朝奉对穷人横竖挑剔，
心里很气。就用木炭在这家当铺对面墙上画了一幅"丹凤朝
阳"的画，并在凤凰下画一只很脏的抬头猪猡。

当铺里的几个朝奉不明其意，徐达解释说："这幅画以凤
凰为中心，分上下两层。上层，凤凰对着太阳，就是'丹凤朝
阳'。下层，猪猡对着凤凰。叫'猪猡朝凤'。"

朝奉们起先摸不着头脑，仔细一想，知道是在骂自己"猪
猡朝奉"，个个羞得面红耳赤。

徽商当铺独占鳌头

在明清时期历史中，徽商可以说是称雄于商界的一支劲旅。尤其是在当铺行业，无论是当铺东家，还是当铺的经营管理者，大部分都是徽商。徽商在明清时期的当铺行业中独占鳌头。

徽商运作资本雄厚，从业经验丰富，兼营的业务多，讲究商业道德，设身处地地为当户着想，不收取高利。因此，他们在典当业中才有大发展，以至于在这一行业中独占鳌头。

■徽商大宅院

徽商在典当行业中能够独占鳌头，这是有原因的。

徽商的原籍地为徽州，这里地处苏浙皖三省交界的皖南山区，交通甚为不便。

在战乱年代，徽州是一个绝佳的避难所。随着人口的自然增长和迁移增快，徽州地狭人稠的矛盾日益突显。在出产难以自给的情况下，徽州男子便不得不出外谋生。

此外，明清时期商业的普遍发展，长江三角洲地区发达的商品经济，以及徽州商人在经营其他行业上的巨大成功，都为徽州典当业的起步发展奠定了基础。

■ "徽商故里"碑

徽商擅长行业主要是盐、典、茶、木。虽然典业列于徽商经营的盐、典、茶、木四大行业之中，但从严格意义上讲，典业和其他三种行业存在一定差别。

由于资金的限制，使得经营典当业较之其他行业具有更加严格的要求。不管从何处起家，必须在拥有了大笔资金之后才能投资典当业。

因此，典当业要在其他行业相对繁荣的基础上才允许进入。换言之，典当业的起步在相当程度上要寄生于其他行业。

徽商在当铺行业的特点，主要表现在资金方面，徽商的资本雄厚，更胜一筹。清朝初期无锡的计六奇撰写《明季北略》上说：在北京的徽商汪箕，"家资

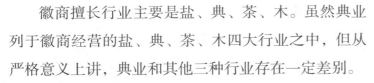

计六奇 字用宾，号天节子，别号九峰居士，江苏无锡兴道乡人。明末清初的史学家。他著有《明季北略》和《明季南略》。计六奇一生热爱史学，另著有《粤滇纪闻》、《辛丑纪闻》、《金坛狱案》等，以记载明清时期之际的史事与掌故为主。

■ 古代当铺

数百万，典铺数十处"。江苏江阴县的徽商程壁，广有资财，"开张典铺18处"。

在经营方法上，徽商灵活的经营手段也是技高一筹的。

据明代周晖撰写的《金陵琐事剩录》中描述：南京当铺有500家。福建铺本小，取利3分、4分，徽州铺本大，取利仅1分、2分、3分。可见，徽商在典当业竞争中采取薄利策略，其优势是十分明显的。这也是徽商成为典当业有名的经营者的原因。

明清时期，徽商无远不至，但是，邻近的东南长江三角洲一带，仍然是最便利也是最具吸引力的经营之所。于是，徽商沿江而下，大举进军苏州、扬州、淮安、杭州一带。

在明清时期，徽商在当铺行业势力非常大。例如当时扬州的徽商就很多。扬州地处南北走向的大运河和东西走向的长江之交汇点上，为南北往来之重镇。

早在隋代，隋炀帝杨广对大运河的开凿，给扬州奠定了发展的基础。至明清时期，随着手工业、商业和交通运输特别是盐业的发展，扬州之繁盛更加今非昔比。

面对如此繁华的都市扬州，出外谋生的徽商大都怀着通衢大都必有商机的信念。作为江淮沿海经济、文化的中心之一，扬州自然诱得大量徽商的到来。

周晖 字吉甫，号漫士，又号鸣岩山人。明代诸生。著有《金陵琐事》和《金陵琐事剩录》。专记明初以来金陵掌故，上涉国朝典故、名人佳话，下及街谈巷议、民风琐闻。所记信而有征，如海瑞事迹、倭寇犯南京等皆可补正史之缺。故该书历来备受学者重视。

徽州商人来到扬州之后，主要进入盐业和当铺行业，通常很多徽商是两个行业都做，并利用盐业积攒下的资本，投资于当铺行业。

扬州商业的繁荣，加速了金融的流动，货币的流通和支付功能越来越得到强化，民间需要用钱的机会越来越多。此时，坐拥大量资本的徽商正在为他们的财富寻找新的出路。

经营典当业必须有大量的启动资金，这一特殊前提对于徽商来讲，并不是什么难事。而且，对于寓居客地的徽商来说，经营典当业可以收取债务人的质押物作为保障，这比起许多其他行业，其经营的风险要小得多。

于是，很多在商业活动中积累起大量货币财富的徽商，开始兼营当铺，从事典当活动，从而带动了扬州典当业的发展。

徽商在扬州的独特地位，帮助他们实现了对扬州典当业的垄断。许多徽商在扬州选择盐业起家，至千万巨资时，便将商业资本或多或少地转向典当业经营，将其转化为当铺资本。

这一举动既是商业发展所带来的结果，又在一定程度上刺激了当地商业和金融业的繁荣。从行业的角度来看，扬州典当业是在商业尤其是盐业极度发展的基础上，依靠盐业滋生的一种金融服务性行业。

隋炀帝杨广（569年～618年），隋代第二代皇帝，隋恭帝杨侑谥为"炀帝"，夏王窦建德谥为"闵帝"，其孙杨侗谥为"明帝"，庙号世祖。他在位期间修建大运河，营建东都迁都洛阳城，开创科举制度。是历史上颇有影响的皇帝。

■徽商大宅院里的惟善堂

古代当铺账本

　　扬州如此，全国许多地方也是如此。徽商凭借着自己的精明和吃苦耐劳，从事典当行业，遍及大半个中国。他们在大城市设典当行，当时的南北两京，随处可见徽商当铺的招幌。他们还把典当行设到了乡村小市。

　　"无徽不成镇"。徽商带着资本和熟练的典当经商经验，奔赴全国各地，在大江南北成为了典当行业最大的一股势力，堪称一只独占鳌头的劲旅。

阅读链接

　　徽商对商业的执着和专注，在我国商业史上可以说是相当罕见的。许多人离家别妻，一年到头奔波于外，有的甚至在商海经营往往直至老才罢休。

　　经商期间，按照徽州的风俗，经营者一般每年回家探亲一次，然而那些离家远的三四年才能够回家与父母妻儿团聚一次。探视之后又要出门继续经营生意。

　　虽然如此年复一年地在外操劳，黑发出门白发回，但他们依然无怨无悔。甚至有的徽商外出，数十年而不归。

明清时期，随着商品经济货币的发展，工商业者对资金的要求日益迫切，这是因为远距离贸易的周期长、占压资金多的缘故。

在这种情况下，仅仅依靠自有资金显然不能满足日益发展的贸易的要求，于是专门为工商业者提供信贷支持的账局应运而生。

随着商品经济的发展而兴起的账局，继承了历史上古老信用活动的一些做法，开创了我国近代专门从事信用放款业务的先河，继往开来，传承着中华古老的金融信用文明，集中体现了偿还借贷这一本义。

金融中介

借贷账局

账局业务的兴衰

账局，大约产生于清代雍正、乾隆之际的我国北方，集中分布在北京、天津、张家口、太原、多伦等发达的商业城市，经营者大多是山西商人。账局既是我国金融史自然发展的产物，也是当时我国北方商业经济出现特殊运行轨迹的结果。

账局在京城和各地的设立，为当时工商业的发展解决了资金融通的困难，得到社会的肯定。由于账局适应了商品经济发展需要，发展相当迅速。

■ 古代账局的金库

　　账局是以放款为主要业务的金融机构。账局是社会上按其经营业务的性质，取其放款之义而命名。

　　明代以后，由于我国金融业获得了较大发展，其行业的相互竞争也日益激烈起来，这就使得信贷的利息出现了普遍下降的趋势。甚至还出现了典当值越高，利率越低的现象。同时，由于我国商品经济发达，这使得商家需要更多的资本来周转业务。

　　清代康熙、雍正、乾隆时期，工商业的蓬勃发展，产生了对金融的强烈需求，以自有资本从事商品经营的商人，已经不能适应商品经营所需资本的要求。

　　在当时，商铺之间的资金借贷时有发生。一些小商铺将款项存于大商号，资金不足时则向大商号借贷。这种兼营存放款的业务逐渐从商号中分离出来，形成后来的账局。

　　账局的产生，对当时金融业产生了很大影响，清代货币理论家和财政学家、户部右侍郎兼管钱法堂事务王茂荫分析当时的状况：

王茂荫（1798年～1865年），安徽省歙县人。清朝时期的货币理论家、财政学家。他曾任户部右侍郎兼管钱法堂事务。他的经济思想，集中体现在他的货币改革方案和货币理论上。他是马克思在《资本论》中唯一说到的中国人。

各行业的店铺，自有资本者不足十分之一二，其余全依靠借贷维持生计。眼下从事账局的人不下上万，账局一旦歇业，这上万人都将成为无业之民；而一旦账局歇业，借贷不通，就会导致各行业纷纷歇业，其失业之民，将不可数计。

从王茂荫的分析可以看出，账局已经成为时代所需。换句话说，账局真正的根源在于商品经济发展。

清乾隆时代的文人李燧在《晋游日记》写道："富人携资入都，开设账局。"京城中的放款者，为新选官吏上任前借款至赴任后归还的一种放款，这类商号称为"京钱庄"。

京债始于唐代，以后历代都有。清道光时梁章钜说，京城放款者的利息是"九扣三分"，即放款人按9折支付贷款，再按月息3分行息。

■ 古代账号柜台

■ 古代账局的炕桌

朝廷曾经屡下禁令禁止这种信用借贷，但禁而不止。从1749年开始曾实行得缺官员可向户部借银赴任的政策，也是希望遏制京债。其实这也促使了账局的产生。

账局作为专门办理放贷取息的金融机构，投资者以山西汾阳府、平阳府、太原府商人最多。

据不完全统计，至1853年，在京城的账局有268家，其中山西籍商人开设210家，顺天府商人开设47家，山东、江苏商人各4家，浙江、陕西、安徽商人各一家。

至清朝末期，账局分布已经扩展到京师、张家口、天津、保定、赤峰、安东、营口、多伦、归化、祁县、太谷、上海、烟台、汉口、成都等城镇，也在库伦、恰克图以至俄国莫斯科等边疆和国外设立分支机构。如恒隆光账局、大升玉茶庄兼账局，都与俄国

梁章钜（1775年～1849年），祖籍福建省长乐。他是林则徐的好友、坚定的抗英禁烟派人物，也是一位政绩突出、深受百姓拥戴的官员。在他护理江苏巡抚期间，江淮患水灾，他赈灾民、修水利，表现出崇高的人格精神。

商人有信用关系。

有的账局在总号之外设有分支机构，开始经营汇兑业务和签发兑银的银票。到清代晚期，账局也称"账庄"。

账局作为我国商业资本发展的产物，当然也与清朝廷的捐纳制度有着十分紧密的关系。正是这些经济社会原因，使账局逐渐从商业中分离出来，独立从事金融活动。

清代账局有自己的行会组织，但名称不一。祁县商人的账局行业组织叫"账行"，汉口的账局行会称"山西汾州账帮"，京城账局称"账庄商会"。

至清朝末期，账局与印局、钱庄的业务逐渐有所类同或交叉，所以有的货币商人并不把账局与印局、钱庄作严格区别，一些学者认为它们都是"贷金业"。实际上它们的差异始终是存在的。

账局做的是信用贷款，并不收受抵押品，而是

> **捐纳制度** 捐纳，又叫"赀选"、"开纳"，有时也称捐输、捐例，即人们所说的卖官鬻爵。它通常由朝廷条订事例，定出价格，公开出售，并成为制度，这就是捐纳制度。对清代的社会政治、经济、文化产生过非常广泛而深刻的影响。

■ 古代账局中用的算盘

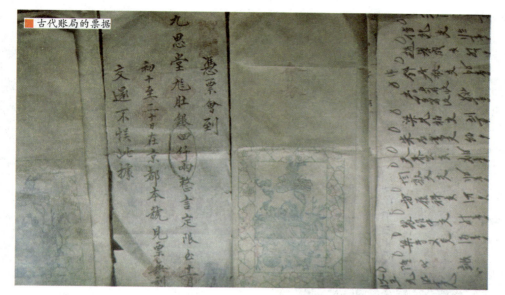
古代账局的票据

建立在对贷款人无形资产如信誉、经营能力等信任的基础上，无疑这种贷款的风险是比较大的。当然，账局规模较大，成本较低，回报较高，这实际表明，账局的经营能力高于典当。

由此可见，账局已经接近近代银行的业务经营特点。这正说明我国土生土长的银行业是由小至大、由简而繁不断发展壮大的。

从历史发展来看，账局是随着商品经济的发展而兴起的，又随商品经济的进一步发展而被别的更有效率的金融组织形式所取代。这说明，商品经济的发展、企业竞争的激烈，要求产生更能经受经济危机打击的金融组织形式，这推动着货币金融业的发暖，也使金融业的竞争加剧，账局就是在这种情况下被淘汰的。

票号的兴起意味着账局对工商业贷款一枝独放局面的结束，是账局走下坡路的开始。而近代银行的加入，更激化了金融业的竞争，加速了账局的没落。

后来，账局的业务逐渐衰落，账庄公会与钱业公会合并，账局遂改名银号。譬如，裕兴中账庄公会与钱业公会合并后，改称"裕兴中"银号，专营存放款、汇兑业务。

古代账局「账房」牌

从大的方面讲，账局和票号都属于货币金融业的范畴，但账局和票号各有不同的性质，也可以归类为货币金融业这个大行业下的不同小行业。

这意味着，商品经济的发展，科学技术的传播，使行业之间兴替的速度进一步加快。账局被银号所取代，充分说明了这一点。

总之，从清雍正、乾隆之际到成丰年间，是账局创设及不断发展的时期，从咸丰末年开始，是账局由鼎盛至衰败的时期。票号发展之后，逐渐涉足存放款业务。

一些旧有的金融机构，例如钱庄，也纷纷开展存放款业务，遂形成了存放款市场的争雄形势，账局作为市场借贷中心的局面，一去再不复返。

阅读链接

1853年，王茂荫与左都御史花沙纳议订发行官钞章程，并绘钞式以进，反对内务府大臣肃顺等铸"当十"、"当五十"、"当百"、"当五百"、"当千"大钱的主张。

指出"官能定钱之值，而不能限物之值"，否则会引起通货膨胀，物价上涨。次年又将已发行的不兑换钞币改为可兑换钞币，并规定最高发行额，以"通商情，利转运"，阻止通货膨胀。

结果触犯了朝廷，被斥为"漠不关心国事"，"专利商贾"。后来在家中去世。

账局的放款方式

　　账局是明清商业发展的产物，主要为工商铺户服务、兼向官吏放账的金融组织。它的主要经营业务是存款和放款，起着信用中介的作用，把借者和贷者集中在自己手里，成为借者和贷者的总代表。

　　账局的放款方式包括放款对象和计息标准，不仅反映了早期银行业整合资金的特殊功能，而且在我国金融史上发挥重要作用。

　　同时，账局也对印局、当铺和小钱庄提供贷款。因此，账局已接近近代银行的业务经营特点。

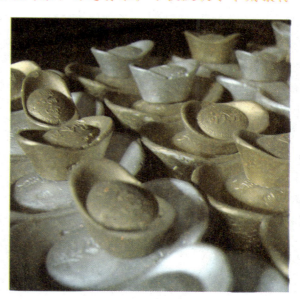

■ 古代账局银库中的金银元宝

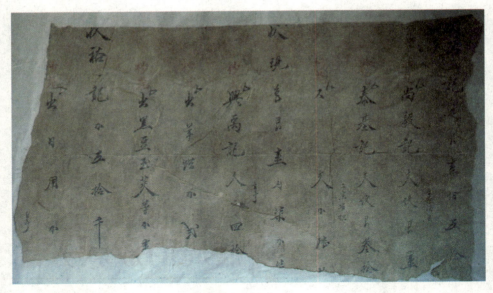

金融形态

历代金融与货币流通

■ 古代账局的票据

借贷期限 是指借贷双方依照有关规定，在合同中约定的借款使用期限。包括有效期限和履行期限。前者指对当事人双方均有约束力的时间范围；后者指当事人一方履行合同义务，另一方接受履行，合同当事人双方实现权利、履行义务的时间界限。

账局放款的主要对象，一是工商业者；二是小金融机构印局、当铺和钱铺；三是候选官吏及官吏。同时，根据不同的放款对象，采取不同的计息标准。

账局放款首先是商人。在清代档案《翰林院侍读学士宝钧奏折》中记载："账局之放贷全赖私票，都中设立账局者，晋商最伙……各行铺户皆借此为贸易之资。"如果账局止放，立刻对市场产生影响。

比如太平天国北伐军进逼北京时，账局收本不放，工商铺户纷纷关闭，危及京师市场流通。在这个时候，京城有许多官吏纷纷上奏皇帝。这说明账局是工商业资金的主要提供者，所以账局收本，各业纷纷歇业，以致市场萧条。

账局对商业放款多以标期为借贷期限，有年标、四季标之分，意思是按货物的周转时间决定归还时期。还款时，借款人须将本利备齐，送交局中；账局收取利息，更换一券，本金可继续贷给原借主。

账局给工商业者的放款利率不会太高，这是因为工商业者的生产和流通的周期性短，一般以一年为限，再加上有比较稳定的市场，因而账局对工商业者的放款风险低，自然利率也低。

账局对工商业者的放款，其利息率是低微的。工商业从账局借款支付的利息，只等于支付当铺利息的一成多一些等于民间借贷支付利息的10%左右，工商业当然是有利可图的。

利息率高低，是区分借贷资本和高利贷资本的一个重要标志。因此，从当时的利率额度来看，账局对工商业者的贷款不属于高利贷资本。

当铺、钱庄等小金融机构，虽然本身也在从事借贷，但因为自身资本额较小，往往需要账局为其提供融资，以维持正常运转。因此，一旦账局银根吃紧，不仅影响工商业，也影响到城市居民生活。

从清代财政机构度支部档案中有关账局注册和章程的内容看，大多数账局主要经营存款和放款业务。部分账局除此之外，还经营汇票、发行银票、买卖生金银和收取各种票据。可见，清代账局初步具有后来银行的主要功能。

账局也放款给候

银根　指金融市场上的资金供应。因我国古代市场交易一般都用白银，所以习惯上称资金供应为银根。银根有紧松之分，判断依据是资金供需状况。如果市场上资金供不应求，称为"银根紧俏"或"银根紧"；市场上资金供过于求，称为"银根松疲"或"银根松"。

■ 古代账局文物

■ 古代账局信房牌

选官吏。当时典当铺多数资本微小，放款数额不可能过大，而且需要收取抵押品。一些借款人如候补官员没有可抵押的财产，常常为之犯愁，因此成为账局放款的对象。这种业务，称为"放官账"。

在封建社会，读书人经过科举或捐纳，即取得候选官吏的资格。但要取得实缺，需在吏部衙门等待轮补，常常住京经年。等得到一官半职，来京所带银钱也都用尽。于是，置办上任的行装，向部吏赠送礼物，以及雇车、带佣人，需要一大笔款项，也只好向账局借贷应付。

账局方面除抽收扣头，收取高利外，有时还需要贷款人的证件，特殊情况下还必须随行讨债。

比如江宁知府善庆欠京债本银4500两，利上滚利，本利合计积至5万余两，债主是北京恒太成账局。经两江总督陶澍和江苏巡抚林则徐奉旨审理，善庆革职，回京候补。

账局对候选官吏放款，收费大大超过典当铺，是账局利之10倍的生意。因为账局不需要有形的抵押品，只以无形的信义抵押的缘故，所以利息比较高。

账局对官吏放款，一来账局不熟悉官吏；二来官吏也与账局无关系，为了降低经营风险，于是京城兴起"拉纤"之徒，也就是专做介绍的人。

京债 新任命的外官赴任前在京借的高息贷款，用于置办行装等。外官在京候选时，交际应酬颇多，一旦任职，则制行装、买礼物，常常倾囊尽出，于是向账局借贷，账局则予以计高息借贷。

拉纤者多为游手好闲者，这种人消息灵通，了解某官本月得选何缺，需借债若干，在官吏与账局之间拉纤，说合事成，于账局利益中分成，或者多收扣头。这也是扣头多的原因之一，也可叫交易成本高。

账局对官吏放款的收费分3个层次：一是借款先讲扣头，并按官缺距京城远近定扣头多少，近者扣头少，远者扣头多，有九扣、八扣、六七扣、四五扣，甚至倒二八扣不等。借银1000两，实则只付给900两，或六七百两，或200两，这就是"创立短票名色"；二是要按名义借银数，支付3分或4分的月息；三是3个月或6个月"转票"收复利，即驴打滚利。

官吏借款分两种，一是月选新官赴任花费借款；二是在职官吏借款。对官吏放款，利息率高。特别对月选新官放债，不仅利息高，还要讲扣头。比如九扣，就是发放贷款的90%，并且贷款的利息是以复利计算，滚利得算。

由于多层的折扣，所以三四年后，千金之本，算至二三十倍；或借数百金，未几而积至盈万。在这种情形下，那些无力偿还贷款的官吏很无奈。由于这个原因，社会舆论对账局评价不高。

从乾隆至道光一个多世纪

复利 常称息上息、利滚利，不仅本金产生利息，利息也产生利息。是指在每经过一个计息期后，都要将所剩利息加入本金，以计算下期的利息。这样，在每一个计息期，上一个计息期的利息都将成为生息的本金，即以利生利。

■ 古代账局的兑票

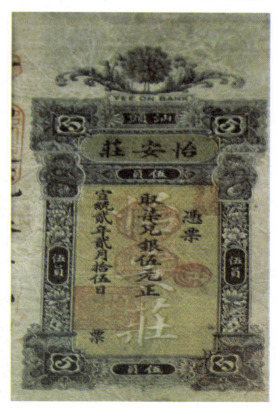

古代账局票号钱庄内景炕桌

的《清实录》和文人日记中，多记载账局对官员放债之事，而对其向工商业贷款记载不多，且多充满恶评，原因正在于此。

　　其实，官员借贷是凭其官缺为依据的没有抵押和担保。账局的这一项放款利率比传统的金融机构典当高，这是因为，典当是质押放款，经营风险低，账局是信用，经营风险高，因而账局的利率中必须有弥补这一高风险的内容。

阅读链接

　　唐代有些在京的新选官吏，赴任缺乏路费，高利贷者就放债给他，待到任后归还，名为"京债"。为了遏制官员到任后搜括，唐朝廷禁止放债利率按复利计算。

　　此外，《唐律》中还规定：负债不还，债主如要没收财产，必须告官听断；若不告官司而强夺财物、奴婢、牲畜超过契约规定的，以赃物论罪。债主不得任意变卖抵押放款的抵押品，至利息超过本钱时，才可报官变卖，变卖所得超过本息的要归还原主。如债户逃走，则由保人代为还债。

账商的经营能力

　　作为专门向发放无抵押借款或很少抵押为特征的金融机构，账局做的是信用贷款，其最大特点就是信誉。这就对账商的经营能力提出了更高的要求。

　　账商的经营能力包括对经济发展的预测能力，对不同行业利润率的判断能力，对该地域工商业者信息的收集和判断能力，对恶意抵赖现象的处理能力。这些能力，是在账商的运营实践当中培养和体现出来的。

■ 古代账局账房牌

古代账局账本

经营账局的人往往自身就是工商业者的背景出身，这是由账局本身的经营性质决定的。要在没有抵押的情况下做好放款，避免出现大规模的呆账、坏账，就要求账局的经营者能够识别、选择可靠的放款对象，制订降低经营风险的制度，安排以及妥善处理恶意抵赖现象。

事实上，在金融领域，经营风险一直是个极为重要的问题，尤其是在放款之时。账局的放款是信贷，由信贷的性质所决定，信贷行为的发生和终结之间必然存在一个时间间隔，贷出货币与清偿行为始终有时间差。

正是在这段时间内，或者借贷的资金可能由于各种因素的制约，不能发挥原来期待的效用，不能正常周转和有效增值，使资金的清偿能力相应受到影响；或者借贷人在主观意愿上无意于偿还贷款致使借贷风险发生。

为了防止账局资产质量恶化，降低或消除不良贷款比重，账局商人都非常注重风险控制能力的培养和提高。为此，他们尽可能地掌握各方面信息，把控风险因素，做到安全放款。

对于工商业者背景出身的账局经营者而言，经营账局的能力是在实践中培养起来的。

长期从事工商业活动的经历，甚至在经营账局的同时，工商业者仍不放弃其他领域的商品的贩卖，使得账局商人对影响工商业发展的环境因素非常敏感。诸如政治环境、经济环境、文化环境、自然环境、技术环境、人口环境等。

对这些环境因素进行全面深入的了解和掌握，对指导账局正确的放贷，无疑是很有必要的。对信息的掌握，能够使账商根据具体情况作出正确决定，比如大放还是小放，继续放贷还是回笼资金等。

长期从事工商业者的经历，使账局商人了解作为一个好的商人必须具备的素质是什么，最容易犯的错误是什么，如何纠正这些错误等。这对其识别、选择放贷的对象很有帮助。

账局的放款对象主要是工商业者、小金融机构及官吏。事实上，如何从选择放款对象这方面来把握放款风险，是考验账局经营者能力的重要一环。

账局商人在很长时期内不在外地设分庄，主要精力都在总号所在地，这使账商对当地工商业者的各方面情况非常熟悉。包括他们的产品采自何方、成本如何、影响因素有哪些，产品销向何方、价格如

放款风险 这里指账局放款到期收不回来，面临遭受损失的可能性。账局的放款风险主要是信用风险，即由借款人的主观原因而导致的风险。如借款人无力还款或拒绝还款。由于客观原因而导致放款收不回来，也会给账局造成信用风险。

■ 清代账局的账本

何、影响因素有哪些等。

正是基于上述情况的全面了解，账局商人才能将风险降至最低，才敢于在没有贷款抵押品的情况下进行信用放款。

在防止借款人恶意躲债方面，账局在追款方面是不惜血本的。比如为了向借贷的官员及达官贵人索债，有的账局，甚至差人暗自潜入外省官员任职的驻地，追索欠款，使欠债官员体面丧失，甚至曾发生官员因无力还款而自杀的事件。

针对这一情况，1815年，御史伊龄阿奏请严禁私放官债，清仁宗谕内阁：禁止候补候选官员在京借用重利私账及放债之徒，并着步军统领、顺天府五城各衙门严行查禁。如有违例私设账局者，立即查办。对于差人暗自潜入外省官员任职驻地追索欠款者，"该督抚访闻一并查参究治"。

当然，对于实在还不上债的，账局也不一味索债。比如，当时官员有向账局借债曾经有"三不还"之说，这是账局业务中有风险投资的反映。因此更需要账商作出决策，以求万无一失。

阅读链接

账局除了放官债之外，也收存官吏存款。但官员的存款往往来路不明，这也给账局业务带来损失。

1808年11月，刑部左侍郎广兴被革职，查抄其家时发现，广兴曾将存放某账局的3.7万两银子交由盛时彦代为寄存。盛时彦曾为纪昀的《阅微草堂笔记》一书作序，是个很有声望名人，但因这件事也多少受到牵连。

为代广兴存赃款的账局也受到了非议，或许当时的局外人会认为，该账局与广兴之间一定有什么问题。由此可见当时账局放款之风险。

晋商账局的兴盛

　　随着商业贸易的发展，货币流通的扩大，账局也随之兴盛起来，主要以山西商人势力为强。山西账局在北京、张家口、保定、天津、太原、汾州等地均有设立，为工商业发展解决了资本不足的困难。

　　山西商人经营的钱铺早在明代已经存在，至清代又有了进一步的发展。山西账局适应了商品经济发展的需要，发展相当迅速。

■ 古代晋商账局旧址内景

古代账局的账本

在钱业方面,晋商经营放贷的票号、账局、典当号称三大支柱。账局后来发展成为票号。

1736年，晋商王庭荣出资4万两在张家口设立"祥发永"账局，并在北京设分号，是目前发现的有确凿史料可据的最早的账局。

张家口市当时是中俄贸易的重要口岸。

1728年至1762年间，俄国国家贸易商队自开辟恰克图口岸入境，经库伦、张家口，或经归化、张家口来京贸易的商路后，张家口买卖城可以说是我国对俄贸易的集中点。

几乎全部俄国呢绒和各种绒布以及俄国出口的全部毛皮制品，都是先运张家口买卖城的货栈，然后批发给下堡，最后再运到我国本土。这样，商品流转期大大延长，垫支资本需要更多，有求于借贷。

另一方面，山西商人从江南采购棉布、绸缎、茶叶等货物贩运至张家口，再贩运至蒙古各部落和恰克图。然后，再从恰克图和蒙古各地贩运回牲畜、皮毛等货物运至张家口再销往各地。由于商品运输路线大大延长，从而占用资本多，周转缓慢，自有资本与经营所需资本矛盾突出。

买卖城 18世纪20年代末，在我国北部边境出现一座专事对俄贸易的商埠。这就是买卖城。该城不仅为中俄两国人所熟知，而且名扬世界，被西方誉为"沙漠中的威尼斯"。买卖城对活跃中俄两国的经济生活起了重要作用。

王庭荣开设的祥发永账局，不仅仅是张家口最大的账局，也是我国最老的金融企业。账局解决了外贸商人在张家口的融资困难问题。

自从王庭荣开设祥发永账局后，晋商所开账局一发而不可收。在清代档案中，户部档案有记录的52家账局中，由山西人出资开设的有34家，由山西经理经营的有49家。

这些统计数字说明，如果说山西人善于经营银钱业的话，那主要也是介休、平遥、汾阳、榆次、太谷、祁县等山西中部地区的商人。这也是清代晋中地区经济崛起、晋中地区商人成为晋商代言人的原因。

清代大学士祁隽藻上奏说："窃闻京城内外，现有殷实山西等省民人开设铺面，名曰印局。所有大小铺户以及军民人等，俱向其借用钱文，或计日或计月清算。查京师地方，五方杂处，商贾云集，各铺户籍

155

金融中介

借贷账局

■ 古代晋商账局放账本的书架

山西太谷县晋商曹家大院旧址

历代金融与货币流通

资余利，买卖可以流通，军民偶有匮乏，日用以资接济，是全赖印局的周转，实为不可少之事。"

文中所说的"印局"其实就是账局。在当时，账局左右着整个北京市的金融。

特别值得一提的是山西省太谷县曹家的钱业。在19世纪20年代至50年代，曹家商业有13种行业，640多个商号，3万多个职工，资本1000多万两白银。商号分布于山西各县及东北、华北、京津、华东、西南、西北以及蒙古的库伦、恰克图和俄罗斯的伊尔库茨克、莫斯科等地。

曹家通过砺金德、用通五、三晋川账局，来管理全部企业。"砺金德"分管山西、江南各号，"用通五"分管东北各号，"三晋川"分管山东和国外各号，实行大号管分号，分号管小号的办法。

曹家账局在各商号独立核算的基础上，由上一级商号领导相互间进行信息交换、联合采办商品、融通资金、调剂人才等，是我国最早的金融控股集团的雏形。

山西人开设的账局也有规模较小的，但同样在金融领域起到了重要作用。

"厚德堂"是山西闻喜县人开设的一家小规模账局。从现存的账簿中可以看出，该账局放贷最大金额是1825年借给"长盛公"商号200两银，最小的一笔是借给吴家房村吴肖贞1.4两银。

有意思的是，同治以前的借贷只在账簿中记明银额并注明有契约，而同治以后的借贷中记录的更详细。如，何时借出银2.6两，何时收入银1320文，又借来白银10两置办大褂一件和绒帽一顶，用于考试。

厚德堂几乎每笔借贷都立有契约。有一份契约的大致意思是：东薛庄王承唐从厚德堂借银50两整，每月每两1.5分行息，约定至9月内本利付还。契约中还有保银人的署名和立据年月日。从契约中可以看出，

■ 古代晋商账局算盘契约文书

古代账局账本文物

道光年间账局的借贷方式和利率。

厚德堂所立契约，有的人还清了本息。比如李家房村的一李姓村民借银5两，直至20多年后才付清本息10两。

有的人却还不了钱，只能以其他方式还贷。比如李家房村的李学昌借银20两，到期后还不了贷，只能在35年后，把自家的一亩三分地抵给了厚德堂。

账局是山西商帮为了适应经济活动需要，首先创办的经营存放款业务的金融机构。山西账局的兴盛，在我国金融发展历史上，留下辉煌的一页。

阅读链接

清嘉庆年间出现的正反两种不同的形势，即民信局兴起、国内国际贸易引起的大量的货币流通和农民起义道路不靖，使活跃在我国北方地区的山西商人深深感到运现的艰难和危险。

也就在这样的时刻，善于接受工商会票经验并且善于创新的山西商人雷履泰率先试办京晋之间的拨兑业务，继而创办日升昌票号，揭开了我国汇兑业务的新时代。

自从山西票号产生后，发展十分迅速。随着票号的出现和影响的逐渐扩大，账局原有的金融作用逐渐被取代。

印局的兴起和衰落

印局是小额信用借贷机构，产生于明末清初。

随着商品经济的发展和流入城市的农民的增多，经商者没有资本，以及当时已有的金融信用机构——典当业，无法满足借贷需求。于是，一种专门向城市底层市民提供小额信用放款的金融机构——印局便应运而生。

印局的资金源于账局，并在清朝初期很是活跃，客观上解决了许多城市贫民和小商人的资金需求。

后来晋商因战乱关闭账局，导致了印局出现资金链断裂。

■ 古代账局印局旧址内景

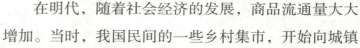

古书畿辅通志

印局的出现，与我国明清时期之际商品经济的发展和农村土地兼并具有因果关系。客观大环境催生了印局。

在明代，随着社会经济的发展，商品流通量大大增加。当时，我国民间的一些乡村集市，开始向城镇化方向发展，而原来的一些小镇，逐渐形成规模庞大的产销中心。

如吴江的震泽、盛泽两镇，江西的景德镇等，都以某一商品的集散地，以大宗物产集中运销而闻名天下。

在新城镇兴起的同时，一些原本作为政治中心存在的城市，如北京、汉口等地都先后成为辐射范围广阔的经济中心，进一步推进了商品经济的发展。

古代印局票号钱庄旧址大门

160

金融形态

历代金融与货币流通

与城镇的繁荣相伴随的是农村土地兼并的加剧。事实上，土地兼并往往在一个朝代的后期表现突出，它是封建经济发展的结果，是地主土地私有制和地主阶级力量增强的表现。

明代中期以后，从皇室到官绅地主兼并土地越来越严重，他们依靠政治权势大量地侵占官地和私田。皇帝在畿辅地区设立了许多皇庄。宗室诸王、勋戚、太监也通过"乞请"和接受"投献"等方式，拥有越府跨县的大片土地，成了全国最大的土地占有者。

由于农村土地兼并，使得部分失去土地的农民涌向城镇，依赖出卖劳动力或走贩设摊谋生。但作为城市底层的市民，他们的本钱都难以筹措，于是小额信贷便成为城市底层人民生存之需。

当时的情况是，已有的金融信用机构典当业，却无法满足进城农民的借贷需求，因为他们无法提供典当业所要求的抵押物品。在这种情况下，一种专门向

皇庄 明代皇室直接经营的庄田。皇庄的分布，主要集中在北直隶的顺天等八府。尤以顺天、保定、河间等府为最多。明代皇庄除皇帝庄田外，还有皇太后及皇太子庄田。皇帝的庄田是由皇帝委派太监经营的"自行管业"的土地。

借贷账局

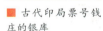

■ 古代印局票号钱庄的银库

民间金融 就是为了民间经济融通资金的所有非公有经济成分的资金活动。我国近代的民间金融以山西的金融业为代表，金融形态包括票号、钱庄、当铺、账局等，可以说代表了当时世界金融的最高水平。在以民间金融业为主的时代，其秩序总体上是值得肯定的。

城市底层市民提供小额信用放款的金融机构便应运而生，这就是印局。

明末清初，北京专营小额贷款的印局，其放款对象，主要是城市贫民与小商人。一次放贷两三串钱，甚至一串钱，朝发夕收，按日取利。印局资本全靠账局，时称"账局不发本，则印局竭其源"。

印局是一种小额信用借贷机构，放款无需抵押，仅凭借款人信用。借贷一般按日或者按月计息归还，有的朝借夕还，有的10天或30天归还。每归还一次，盖一次印，故名"印子钱"。

印子钱的数额很小而且全部为制钱，即法定的钱币，一般为两三串，最多不过10来串。期限一般比较短，有"朝发夕收"的，也有以百日为限的。印子钱利息很高，通常为月息3分至5分。

由于这种放款不要求提供抵押品，只要答应说什么时候归还，到期还款就可以了，所以也有人叫它

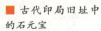
■ 古代印局旧址中的石元宝

"应子钱"。

印局在清朝初期就已经很活跃了。投资印局的人以晋商为多。同典当一样，印局的贷款也主要是为了消费，只发挥货币资本的职能。在明清之际的民间金融体系中，印局解决了当时许多城市贫民与小商人的资金需求。

印局借贷，利息较高，还有扣头，如借银700两，按四扣三分行息，即借款契约写700两，实际借款人拿到手的是280两，还得以700两借款月息3分付息，到期按本金700两另加利息归还。

印局的资本大都来源于账局，开印局的人原本无甚资本，惟赖印局挪钱，以资营业。假如账局不借贷本钱，印局就会资金枯竭，失业变为游民。

明清时期之际的印局，与当铺、账局、钱庄、票号等金融形态，共同构建出了一个多层次的民间金融体系。

在这个金融体系内，各层次的金融机构，从当铺到票号，分别向

■ 古代印局钱庄票号的用具

金融形态

历代金融与货币流通

不同的客户群提供不同的金融产品，相互之间形成了共生的关系。

比如账局向印局提供低息、大额贷款，印局则向商贩供应小额的高利贷，从而形成一条盘活市场的经济链条。

咸丰帝时期，京城的账局与印局多由山西商人所开设，印局非常活跃。后来京师局势受到太平天国战事影响，晋商纷纷关闭京城的账局，撤资回籍，于是导致印局出现资金链断裂，进而商贩的生计也难维持。

这个事例反过来也说明，假如没有发生战乱，那么印局商人会与市场继续互动，构建出一个完整、良性的金融链条，以维持市场的运转。

阅读链接

合会是民间盛行的一种互助性融资形式，集储蓄和信贷于一体。是一种基于血缘、地缘关系的带有互动、合作性质的自发性群众融资组织。是我国有悠久历史的民间金融形式。

一般来说，合会由若干人组成，相互约定每隔一段时间开会一次，每次聚集一定的资金，轮流交给会员中的一人使用，基本上不以盈利为目的。其中，事先固定使用次序的称为"轮会"，按照抽签方式确定使用次序的叫作"摇会"，以投标方式决定使用次序的属于"标会"。

中华精神家园书系

建筑古蕴
壮丽皇宫：三大故宫的建筑壮景
宫殿怀古：古风犹存的历代华宫
古都遗韵：古都的厚重历史遗韵
千古都城：三大古都的千古传奇
王府胜景：北京著名王府的景致
府衙古影：古代府衙的历史遗风
古城底蕴：千古传奇的魅力古城
古镇奇葩：物宝天华的古镇奇观
古村佳境：人杰地灵的千年古村
经典民居：精华浓缩的最美民居

古建风雅
皇家御苑：非凡胜景的皇家园林
非凡胜景：北京著名的皇家园林
园林精粹：苏州园林特色与名园
秀美园林：江南园林特色与名园
园林千姿：岭南园林特色与名园
雄丽之园：北方园林特色与名园
亭台情趣：迷人的典型精品古建
楼阁雅韵：神圣典雅的古建象征
三大名楼：文人雅士的汇聚之所
古建古风：中国古典建筑与标志

古建之魂
千年名刹：享誉中外的佛教寺院
天下四绝：佛教的海内四大名刹
皇家寺院：御赐美名的著名古刹
寺院奇观：独特文化底蕴的名刹
京城宝刹：北京内外八刹与三山
道观杰作：道教的十大著名宫观
金光灿烂：藏传佛教的著名寺院
古塔瑰宝：无上玄机的魅力古塔
宝塔珍品：巧夺天工的非常古塔
千古祭庙：历代帝王庙与名臣庙

文化遗迹
远古人类：中国最早猿人及遗址
原始文化：新石器时代文化遗址
王朝遗韵：历代都城与王城遗址
考古遗珍：中国的十大考古发现
陵墓遗存：古代陵墓与出土文物
石窟奇观：著名石窟与不朽艺术
石刻神工：古代石刻与文化艺术
岩画古韵：古代岩画与艺术特色
家居古风：古代建材与家居艺术
古道依稀：古代商贸通道与交通

古建涵蕴
天下祭坛：北京祭坛的绝妙密码
祭祀庙宇：香火旺盛的各地神庙
绵延祠庙：传奇神人的祭祀圣殿
至圣尊崇：文化浓厚的孔孟祭地
人间天宫：非凡造诣的妈祖庙宇
祠庙典范：最具人文特色的祭祠
绝代王陵：气势恢宏的帝王陵园
王陵雄文：空前绝后的地下城堡
大宅揽胜：宏大气派的大户宅第
古街韵味：古色古香的千年古街

物宝天华
青铜时代：青铜文化与艺术特色
玉石之国：玉器文化与艺术特色
陶器寻古：陶器文化与艺术特色
瓷器故乡：瓷器文化与艺术特色
金银生辉：金银文化与艺术特色
珐琅精工：珐琅器与文化之特色
琉璃古风：琉璃器与文化之特色
天然大漆：漆器文化与艺术特色
天然珍宝：珍珠宝石与艺术特色
天下奇石：赏石文化与艺术特色

中华精神家园书系

古迹奇观
玉宇琼楼：分布全国的古建筑群
城楼古景：雄伟壮丽的古代城楼
历史开关：千年古城墙与古城门
长城纵览：古代浩大的防御工程
长城关隘：万里长城的著名关卡
雄关漫道：北方的著名古代关隘
千古要塞：南方的著名古代关隘
桥的国度：穿越古今的著名桥梁
古桥天姿：千姿百态的古桥艺术
水利古貌：古代水利工程与遗迹

山水灵性
母亲之河：黄河文明与历史渊源
中华巨龙：长江文明与历史渊源
江河之美：著名江河的文化源流
水韵雅趣：湖泊泉瀑与历史文化
东岳西岳：泰山华山与历史文化
五岳名山：恒山衡山嵩山的文化
三山美名：三山美景与历史文化
佛教名山：佛教名山的文化流芳
道教名山：道教名山的文化流芳
天下奇山：名山奇迹与文化内涵

自然遗产
天地厚礼：中国的世界自然遗产
地理恩赐：地质蕴含之美与价值
绝美景色：国家综合自然风景区
地质奇观：国家自然地质风景区
无限美景：国家自然山水风景区
自然名胜：国家自然名胜风景区
天然生态：国家综合自然保护区
动物乐园：国家动物自然保护区
植物王国：国家保护的野生植物
森林景观：国家森林公园大博览

西部沃土
古朴秦川：三秦文化特色与形态
龙兴之地：汉水文化特色与形态
塞外江南：陇右文化特色与形态
人类敦煌：敦煌文化特色与形态
巴山风情：巴渝文化特色与形态
天府之国：蜀文化的特色与形态
黔风贵韵：黔贵文化特色与形态
七彩云南：滇云文化特色与形态
八桂山水：八桂文化特色与形态
草原牧歌：草原文化特色与形态

东部风情
燕赵悲歌：燕赵文化特色与形态
齐鲁儒风：齐鲁文化特色与形态
吴越人家：吴越文化特色与形态
两淮之风：两淮文化特色与形态
八闽魅力：福建文化特色与形态
客家风采：客家文化特色与形态
岭南灵秀：岭南文化特色与形态
潮汕之根：潮州文化特色与形态
滨海风光：琼州文化特色与形态
宝岛台湾：台湾文化特色与形态

中部之魂
三晋大地：三晋文化特色与形态
华夏之中：中原文化特色与形态
陈楚风韵：陈楚文化特色与形态
地方显学：徽州文化特色与形态
形胜之区：江西文化特色与形态
淳朴湖湘：湖湘文化特色与形态
神秘湘西：湘西文化特色与形态
瑰丽楚地：荆楚文化特色与形态
秦淮画卷：秦淮文化特色与形态
冰雪关东：关东文化特色与形态

节庆习俗
普天同庆：春节习俗与文化内涵
张灯结彩：元宵习俗与彩灯文化
寄托哀思：清明祭祀与寒食习俗
粽情端午：端午节与赛龙舟习俗
浪漫佳期：七夕节俗与妇女乞巧
花好月圆：中秋节俗与赏月之风
九九踏秋：重阳节俗与登高赏菊
千秋佳节：传统节日与文化内涵
民族盛典：少数民族节日与内涵
百姓聚欢：庙会活动与赶集习俗

民风根源
血缘脉系：家族家谱与家庭文化
万姓之根：姓氏与名字号及称谓
生之由来：生庚生肖与寿诞礼俗
婚事礼俗：嫁娶礼俗与结婚喜庆
人生遵俗：人生处世与礼俗文化
幸福美满：福禄寿喜与五福临门
礼仪之邦：古代礼制与礼仪文化
祭祀庆典：传统祭典与祭祀礼俗
山水相依：依山傍水的居住习俗

衣食天下
衣冠楚楚：服装艺术与文化内涵
凤冠霞帔：佩饰艺术与文化内涵
丝绸锦缎：古代纺织精品与布艺
绣美中华：刺绣文化与四大名绣
以食为天：饮食历史与筷子文化
美食中国：八大菜系与文化内涵
中国酒道：酒历史酒文化的特色
酒香千年：酿酒遗址与传统名酒
茶道风雅：茶历史茶文化的特色

国风美术
丹青史话：绘画历史演变与内涵
国画风采：绘画方法体系与类别
独特画派：著名绘画流派与特色
国画瑰宝：传世名画的绝色魅力
国风长卷：传世名画的大美风采
艺术之根：民间剪纸与民间年画
影视鼻祖：民间皮影戏与木偶戏
国粹书法：书法历史与艺术内涵
翰墨飘香：著名书法名作与艺术
行书天下：著名行书精品与艺术

汉语之魂
汉语源流：汉字汉语与文章体类
文学经典：文学评论与作品选集
古老哲学：哲学流派与经典著作
史册汗青：历史典籍与文化内涵
统御之道：政论专著与文化内涵
兵家韬略：兵法谋略与文化内涵
文苑集成：古代文献与经典专著
经传宝典：古代经传与文化内涵
曲苑音坛：曲艺演唱项目与艺术
曲艺奇葩：曲艺伴奏项目与艺术

博大文学
神话魅力：神话传说与文化内涵
民间相传：民间传说与文化内涵
英雄赞歌：四大英雄史诗与内涵
灿烂散文：散文历史与艺术特色
诗的国度：诗的历史与艺术特色
词苑漫步：词的历史与艺术特色
散曲奇葩：散曲历史与艺术特色
小说源流：小说历史与艺术特色
古典精华：四大古典小说的传奇
小说经典：著名古典小说的魅力

歌舞共娱

古乐流芳：古代音乐历史与文化
钧天广乐：古代十大名曲与内涵
八音古乐：古代乐器与演奏艺术
鸾歌凤舞：古代大曲历史与艺术
妙舞长空：舞蹈历史与文化内涵
体育古项：体育运动与古老项目
民俗娱乐：民俗运动与古老项目
刀光剑影：器械武术种类与文化
快乐游艺：古老游艺与文化内涵
开心棋牌：棋牌文化与古老项目

科技回眸

创始发明：四大发明与历史价值
科技首创：万物探索与发明发现
天文回望：天文历史与天文科技
万年历法：古代历法与岁时文化
地理探究：地学历史与地理科技
数学史鉴：数学历史与数学成就
物理源流：物理历史与物理科技
化学历程：化学历史与化学科技
农学春秋：农学历史与农业科技
生物寻古：生物历史与生物科技

传统美德

君子之为：修身齐家治国平天下
刚健有为：自强不息与勇毅力行
仁爱孝悌：传统美德的集中体现
谦和好礼：为人处世的美好情操
诚信知报：质朴道德的重要表现
精忠报国：爱国精神的巨大力量
克己奉公：强烈使命感和责任感
见利思义：崇高人格的光辉写照
勤俭廉政：民族的共同价值取向
笃实宽厚：宽厚品德的生活体现

悠久历史

古往今来：历代更替与王朝千秋
天下一统：历代统一与行动韬略
太平盛世：历代盛世与开明之治
变法图强：历代变法与图强革新
古代外交：历代外交与文化交流
选贤任能：历代官制与选拔制度
法治天下：历代法制与公正严明
古代税赋：历代赋税与劳役制度
三农史志：历代农业与土地制度
古代户籍：历代区划与户籍制度

戏苑杂谈

梨园春秋：中国戏曲历史与文化
古戏经典：四大古典悲剧与喜剧
关东曲苑：东北戏曲种类与艺术
京津大戏：北京与天津戏曲艺术
燕赵戏苑：河北戏曲种类与艺术
三晋梨园：山西戏曲种类与艺术
三秦戏苑：陕西戏曲种类与艺术
齐鲁戏台：山东戏曲种类与艺术
中原曲苑：河南戏曲种类与艺术
江淮戏话：安徽戏曲种类与艺术

强健之源

中国功夫：中华武术历史与文化
南拳北腿：武术种类与文化内涵
少林传奇：少林功夫历史与文化
南尊武当：武当功夫历史与文化
大道无形：太极拳的历史与文化
平衡之美：阴阳调和的思想内涵
第五发明：中医历史与文化内涵

信仰之光

儒学根源：儒学历史与文化内涵
文化主体：天人合一的思想内涵
处世之道：传统儒家的修行法宝
淡定人生：禅宗历史与禅学文化
上善若水：道教历史与道教文化
先祖背影：人文始祖崇拜与信仰
自然图腾：萨满教历史及其文化
护航天使：妈祖信仰与妈祖文化
心灵之依：民间宗教与民间信仰
万事如意：民间吉神与文化内涵

历史长河

兵器阵法：历代军事与兵器阵法
战事演义：历代战争与著名战役
货币历程：历代货币与钱币形式
金融形态：历代金融与货币流通
交通巡礼：历代交通与水陆运输
商贸纵观：历代商业与市场经济
印纺工业：历代纺织与印染工艺
古老行业：三百六十行由来发展
养殖史话：古代畜牧与古代渔业
种植细说：古代栽培与古代园艺

梨园谱系

苏沪大戏：江苏上海戏曲与艺术
钱塘戏话：浙江戏曲种类与艺术
荆楚戏台：湖北戏曲种类与艺术
潇湘梨园：湖南戏曲种类与艺术
天府戏苑：四川戏曲种类与艺术
滇黔戏曲：云南贵州戏曲与艺术
八桂梨园：广西戏曲种类与艺术
闽台戏苑：福建戏曲种类与艺术
粤琼戏话：广东戏曲种类与艺术
赣江好戏：江西戏曲种类与艺术

千秋教化

教育之本：历代官学与民风教化
文武科举：科举历史与选拔制度
教化于民：太学文化与私塾文化
官学盛况：国子监与学宫的教育
朗朗书院：书院文化与教育特色
君子之学：琴棋书画与六艺课目
启蒙经典：家教蒙学与文化内涵
文房四宝：纸笔墨砚及文化内涵
刻印时代：古籍历史与文化内涵
金石之光：篆刻艺术与印章碑石

文化标记

龙凤图腾：龙凤崇拜与舞龙舞狮
吉祥如意：吉祥物品与文化内涵
花中四君：梅兰竹菊与文化内涵
草木有情：草木美誉与文化象征
雕塑之韵：雕塑历史与艺术内涵
壁画遗韵：古代壁画与古墓丹青
咫尺之美：扇面书画与民间版画
雕刻精工：竹木骨牙角匏与工艺
百年老号：百年企业与文化传统
特色之乡：文化之乡与文化内涵

杰出人物

文韬武略：杰出帝王与励精图治
千古忠良：千古贤臣与爱国爱民
将帅传奇：将帅风云与文韬武略
思想宗师：先贤思想与智慧精华
科学鼻祖：科学精英与求索发现
发明巨匠：发明天工与创造英才
文坛泰斗：文学大家与传世经典
诗神巨星：天才诗人与妙笔华篇
画界巨擘：绘画名家与绝代精品
艺术大家：艺术大师与杰出之作